中《なか》による田中《たなか》のための本《ほん》

日本《にほん》を動《うご》かした田中一族《たなかいちぞく》【1】

田中の田中による田中のための本　日本を動かした田中一族【1】

目　次

『古事記《こじき》』
第《だい》8代《だい》孝元天皇《こうげんてんのう》の段《だん》に
このような記述《きじゅつ》がある
古事記 上
古事記 中
「蘇賀石河宿禰《そがのいしかわのすくね》は蘇我《そが》、川辺《かわべ》、
田中《たなか》、高向《たかむく》、小治田《おはりだ》、桜井《さくらい》、
岸田《きしだ》ら諸氏族《しょしぞく》の祖《そ》とする」
天武《てんむ》13（684）年《ねん》の
八色《やくさ》の姓《かばね》の制定《せいてい》に際《さい》して
朝臣姓《あそんかばね》を賜《たまわ》った田中氏《たなかし》の祖先《そせん》は
蘇賀石河宿禰《そがのいしかわのすくね》であるという
記述《きじゅつ》だ
このように古代《こだい》より
日本《にほん》の中枢《ちゅうすう》で
活躍《かつやく》してきた田中氏《たなかし》は
富《とみ》の象徴《しょうちょう》である
「田《た》」の中心《ちゅうしん》にあって
時《とき》の権力者《けんりょくしゃ》を支《ささ》え
田
国《くに》の発展《はってん》に貢献《こうけん》し続《つづ》けてきた

なかでも出色《しゅっしょく》なのは
天下人《てんかびと》を支《ささ》え
筑後《ちくご》で水華《すいが》の国《くに》を築《きず》いた
田中吉政《たなかよしまさ》

激動《げきどう》の戦国時代《せんごくじだい》を
表《おもて》と裏《うら》で支《ささ》えた侍商人《さむらいしょうにん》
田中清六正長《たなかせいろくまさなが》

茶《ちゃ》の湯《ゆ》で歴史《れきし》を変《か》えた茶聖《ちゃせい》
千利休《せんのりきゅう》こと
田中与四郎《たなかよしろう》

近世《きんせい》で
会津《あいづ》発展《はってん》を支《ささ》えた名家老《めいかろう》
田中正玄《たなかまさはる》・玄宰《はるなか》

日本《にほん》の近代化《きんだいか》を
大《おお》きく推進《すいしん》させた東芝《とうしば》の創始者《そうししゃ》
田中久重《たなかひさしげ》（からくり儀右衛門《ぎえもん》）
日本初《にほんはつ》の
民間製鉄所《みんかんせいてつじょ》を築《きず》き
工業立国《こうぎょうりっこく》としての
地位《ちい》を築《きず》いた
田中長兵衛《たなかちょうべえ》

時《とき》に権力《けんりょく》と戦《たたか》い
公害《こうがい》から民《たみ》を救《すく》い
公害問題《こうがいもんだい》を世《よ》に知《し》らしめた
上
田中正造《たなかしょうぞう》

昭和《しょうわ》のフィクサーとして
激動《げきどう》の近現代《きんげんだい》において
国益《こくえき》を守《まも》り抜《ぬ》いた
田中清玄《たなかきよはる》

国《くに》の発展《はってん》のそばには
常《つね》に田中《たなか》がいた
さらに
近現代《きんげんだい》においても
太宰府《だざいふ》の「曲水《きょくすい》の宴《えん》」
櫛田神社《くしだじんじゃ》のおたふく面《めん》や
新天町《しんてんちょう》など数々《かずかず》の
経済《けいざい》・文化遺産《ぶんかいさん》を残《のこ》した
伝説《でんせつ》のプランナー
田中諭吉《たなかゆきち》
日本橋梁《にほんきょうりょう》・構造界《こうぞうかい》の
育《そだ》ての親《おや》
田中《たなか》 豊《ゆたか》

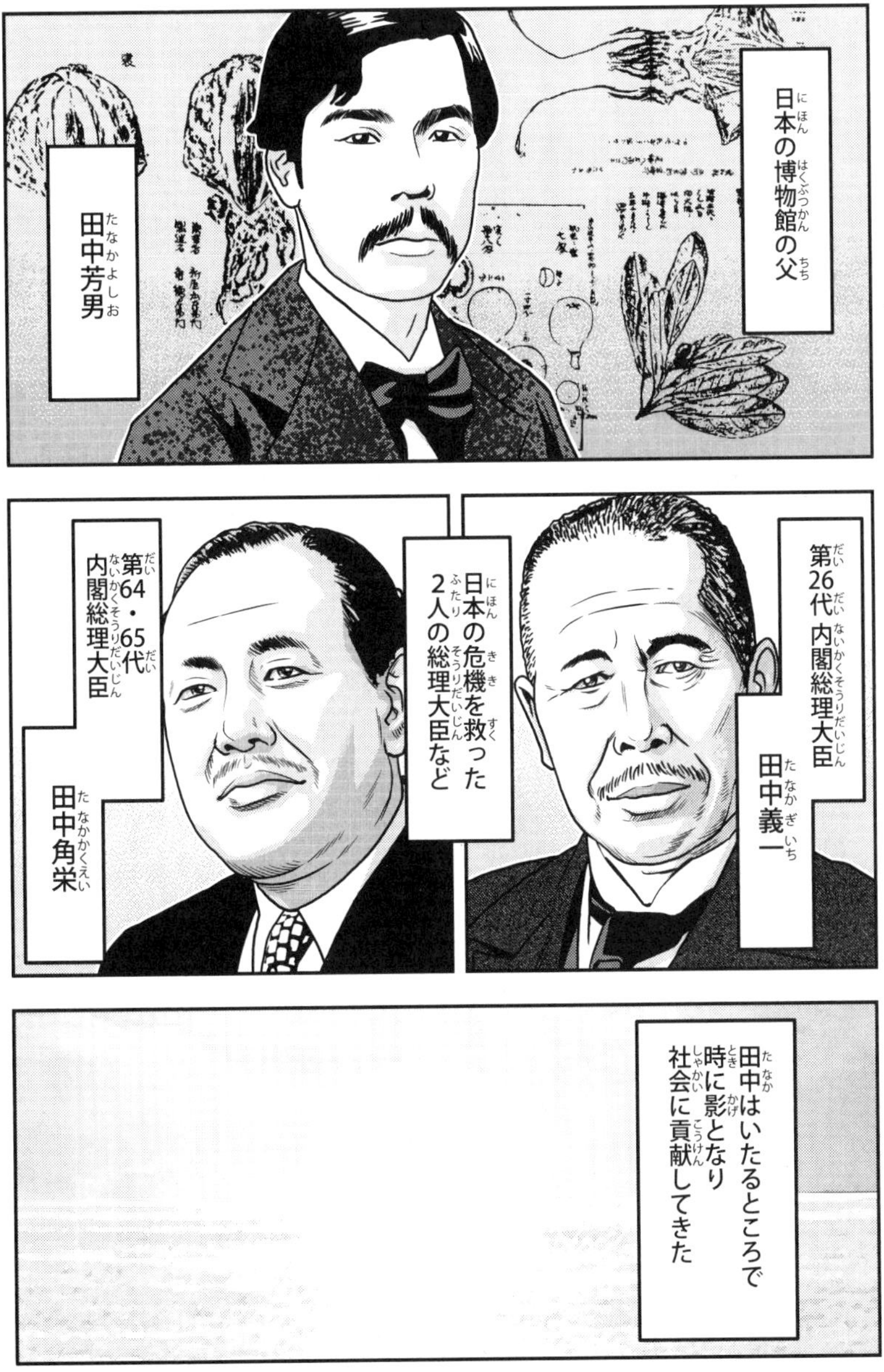

日本《にほん》の博物館《はくぶつかん》の父《ちち》
田中芳男《たなかよしお》
第《だい》26代《だい》 内閣総理大臣《ないかくそうりだいじん》
田中義一《たなかぎいち》
日本《にほん》の危機《きき》を救《すく》った
2人《ふたり》の総理大臣《そうりだいじん》など
第《だい》64・65代《だい》
内閣総理大臣《ないかくそうりだいじん》
田中角栄《たなかかくえい》
田中《たなか》はいたるところで
時《とき》に影《かげ》となり
社会《しゃかい》に貢献《こうけん》してきた

田中《たなか》は決《けっ》して
平凡《へいぼん》な名字《みょうじ》ではない
田中
古代《こだい》より続《つづ》く
名門《めいもん》田中氏《たなかし》の血《ち》を継《つ》ぐ
全国《ぜんこく》１３０万人余《まんにんあまり》の
精鋭《せいえい》たちが
今日《きょう》も世《よ》のため人《ひと》のため
力《ちから》を尽《つ》くしている
田中《たなか》は世界《せかい》を動《うご》かす力《ちから》を
持《も》っているのだ

〔発刊に寄せて〕

歴史とともにあった田中氏

半田隆夫先生と宇野秀史先生が、田中吉政関係の研究を進められるなか新たな史実が数多く出てきたようで、そこから田中という姓がいつごろ出来たのか、また田中姓の中に世の中に影響を与えた人物が多数居たことなどが判明した。清和源氏、佐々木源氏のほかにも多岐に渡る出自をもつのが田中姓の特徴である。

田中という姓は、極端に数が多くポピュラーな名前のために余り有難がられないというか、その他大勢として一括りにされてしまうことも多い。私の体験ではあるが、小学校2年の時に授業で姓と先祖の職業についての話し合いが行われた（昔ならではのつまらない内容である）。

「この名はこう」「あの名はこう」と盛り上がった時に「先生、田中は？」と尋ねたら、振り向きざまに「田んぼの中だからお百姓よ！」とバッサリと断定された。親からは「先祖は侍」だと聞いていたが、先生の言う方が正しいかも知れないと思ったことは記憶に新しい。このように扱われたことはその後も数多く、田中姓の人は少なからず似たような経験をされていることだと推測される。

前出の歴史研究家の方々のお陰で、田中姓の人々が世に貢献してきたことが明らかになった。初代筑後国主田中吉政、侍豪商で佐渡金山奉行田中清六、会津の名家老田中正玄、茶人千利休（田中与四郎）、住友家の9代目当主となった田中清六子孫の友聞。日本初の近代的民間製鉄所で、新日鉄住金釜石製鉄所の前身である釜石鉱山田中製鐵所をつくった田中長兵衛、からくり儀右衛門こと田中久重（東芝の創始者）、環境問題を訴え続けた政治家田中正造、昭和のフィクサー田中清玄、第26代内閣総理大臣田中義一と第64・65代内閣総理大臣田中角栄に至るまで、多くの分野で歴史に名を刻んだ人たちがいたが、なかでも政治家、教育者、金属（製鉄から貴金属に至るまで）、土木、建築で突出した才能を発揮したようである。

偶然か必然か、小生も建物に関わる仕事をしている。建物や土木についての専門的な知識がない頃から妙に図面が読めたり、専門家が気付かない工法のアイデアを思いついたり、建物の見えてない部分の異常や傾きに気付く場面がある。

その関係もあり、太陽設計の田中英樹先生と面談したことがある。太陽設計は

「姉歯事件」の際、数多くある設計事務所を監査する権威ある立場の設計事務所であった。田中先生はニコニコ笑いながら「田中は積極的で仕事が出来る上に諦めない性質のものが多いからこんなに増えたのかもしれない」という見解を聞き、なるほどと納得したものである。田中先生の出自は廣川の田中氏で、もともとは柳川からの枝分かれである。一族は造り酒屋、油屋、米屋などを営んでいたそうだ。

小生の先祖は、田中吉政、田中清六、田中久重と同様、近江の田中であるが、4代前まで福岡県みやま市の廣瀬にいた。元禄時代あたりからこの地区に移り住んだようである。当時の廣瀬は柳川から八女に至る矢部往還（昔の国道）に沿い、矢部川の対岸に位置する溝口地区までの渡しがあったお陰で、多くの宿や商店などがあり栄えていた。

対岸の八女溝口には紙製造を広めた矢箇部新左衛門の子孫の一人であるサン・エムカンパニーの矢加部尚武氏が、紙を加工して建築資材等を製造する工場を営んでいる。矢箇部新左衛門は、この地で和紙の製造を始めた日源上人の息子である。そのため、矢加部氏は毎年、日源上人の顕彰奉賛会を開催している。

廣瀬には現在、40件程田中姓の家がある。どの家も三つ巴かそれにアレンジを加えた家紋を使用している。我が家は、廣瀬地区でいつのころからか和紙の問屋を営んでいた。私から数えて5代前にあたる田中四方吉は皇室に仕える近衛兵であった。現在でもその名を刻んだ石碑がある。かなり田舎であるにも拘らず、廣瀬からは多数の経営者、教育者を輩出している。この地区の出身で田中照男氏は、最年少で校長になった人物であるが、そのご長男田中照彦氏は東京で教育者となり活躍中である。『古典が面白くなる 東大のディープな古文・漢文』と言う著書も出版されている。

当家は時代の変遷に合わせ3代前から福岡に移住した。福岡に出てからは、公務員となり裁判所、刑務所、警察、消防署等に勤めた。私も「公の仕事に就くように」と言われていたが、違う仕事を選んだ。公務に就かなくとも、世のために役立つ仕事は出来ると考えたからである。我が家には家訓があるので参考のためご紹介するが、同じ左三つ巴を受け継ぐ東京永田町のビルオーナー田中綾子さんの家にも同じ家訓が伝えられている。余談ではあるが、あの山本五十六元帥の母もこの田中家から嫁いでいる。

《家　訓》

一．当家の男は飲酒、喫煙厳禁（身体は天からの預かりもの、大切にせよ）

二．利より義を優先せよ

三．己を行なうに恥あり（自分の行動に責任を持ち、恥ずかしいことをしない）

四．早起きを心掛け、遅刻は厳禁

五．負け戦をさけ、機を見て出直せ

六．子の教育において、絶対に手を上げてはならない（対人関係に弱くなるという理由）

七．当家の者は賭け事で勝つ才能は無いので絶対に手を出すな

八．当家の者は些細な悪事でも必ず明らかになる定めなので、真直ぐに正直に生きよ

九．迎え三歩送り七歩（人と出逢うときよりも別れ際が大切）

この本を、私だけではなく、全国におられる田中姓や関係者の方々に広めることにより、田中姓と、その関係者の方々に関心を持っていただきたい。また、子供たちにも日本を動かす原動力となった田中家に生まれた意味を自覚し、正義感や矜持を持つことによって世界のためになる大きな志を抱き努力をする人物になって欲しいと願い、今回の執筆を、曾祖母が田中家より嫁いだ宇野先生にお願いした次第である。

ページの関係上、代表的な人物しか書かれていないが、田中という姓に対する理解が広がり、皆さんと歴史との結びつきのきっかけになることを願っている。

令和5年10月　田中啓之

天下人に仕え、「土木の神様」と称えられた戦国大名

田中吉政《たなかよしまさ》

昔《むかし》
遠《とお》い国《くに》から来《き》た
一人《ひとり》の宣教師《せんきょうし》から
聞《き》いた話《はなし》だ
近江《おうみ》の国《くに》は
ヴェネツィアに
似《に》ている
そして
その国《くに》は
もっと高度《こうど》な
発展《はってん》をしていると…
それは
わしらの国《くに》の
遠《とお》い未来《みらい》のように
思《おも》えた

関ヶ原《せきがはら》の戦《たたか》いで
徳川家康《とくがわいえやす》率《ひき》いる
東軍《とうぐん》に加《くわ》わり
石田三成《いしだみつなり》を
捕《と》らえた田中吉政《たなかよしまさ》
その功績《こうせき》に家康《いえやす》は
豊前国《ぶぜんこく》に豊後《ぶんご》の一部《いちぶ》を
加《くわ》えた領地《りょうち》か
筑後一国《ちくごいっこく》望《のぞ》むほうを
30万石《まんごく》与《あた》えると約束《やくそく》した
岡崎城《おかざきじょう》
豊前《ぶぜん》
筑後《ちくご》
どちらにするべきか？

吉政《よしまさ》は家臣《かしん》を集《あつ》め話《はな》し合《あ》いをおこなった
お主《ぬし》たちは豊前《ぶぜん》と筑後《ちくご》の生《う》まれゆえよくわかるであろう
はい豊前《ぶぜん》は海《うみ》の幸《さち》山《やま》の幸《さち》が豊《ゆた》かですが英彦山《ひこさん》の山伏《やまぶし》が手《て》ごわいかと
筑後《ちくご》は有明海《ありあけかい》があり干潟《ひがた》は魚介類《ぎょかいるい》が豊富《ほうふ》にとれます
柳川《やながわ》は有明海《ありあけかい》を背《せ》に筑後川《ちくごがわ》と矢部川《やべがわ》の間《あいだ》にあり立地《りっち》もよいかと
しかし洪水《こうずい》が心配《しんぱい》なところです

一長一短《いっちょういったん》あるも
どちらも甲乙《こうおつ》つけがたいすばらしい所《ところ》のようだ
故郷《こきょう》とは親《おや》のようなものよのう
筑後《ちくご》の有明海《ありあけかい》は干潟《ひがた》を開拓《かいたく》し新田《しんでん》を作《つく》ることも見込《みこ》める
太閤秀吉様《たいこうひでよしさま》が居城《きょじょう》を長浜《ながはま》に定《さだ》めたように水利《すいり》を生《い》かした国《くに》づくりもできそうだ
なにより家康様《いえやすさま》は情勢《じょうせい》が不安定《ふあんてい》な九州《きゅうしゅう》を加藤清正殿《かとうきよまさどの》と共《とも》に守《まも》ることを望《のぞ》んでおられるのではなかろうか

よし
筑後《ちくご》に入《はい》るぞ
慶長《けいちょう》6（1601）年《ねん》4月《がつ》
田中吉政《たなかよしまさ》は
32万《まん》5千石《せんごく》の
初代筑後国主《しょだいちくごこくしゅ》となり
柳川《やながわ》へ入《はい》った
カァ
カァ

戦《たたか》いで敗《やぶ》れた
豊臣系西国大名《とよとみけいさいごくだいみょう》の多《おお》くは
国替《くにが》えさせられ
柳川城《やながわじょう》の前城主《ぜんじょうしゅ》
立花宗茂《たちばなむねしげ》も
わしが入る前《まえ》に
城《しろ》を出《で》ていた
領主不在《りょうしゅふざい》
まして戦直後《いくさちょくご》の国内《こくない》には
不安《ふあん》が広《ひろ》がり紛争《ふんそう》が高《たか》まり、
走百姓《はしりびゃくしょう》（農村《のうそん》から逃《に》げていった農民《のうみん》）が
増《ふ》える
一刻《いっこく》も早《はや》い
治安回復《ちあんかいふく》が必要《ひつよう》だ
すぐに法令《ほうれい》を
出《だ》すのだ！
吉政《よしまさ》は柳川《やながわ》に
慶長《けいちょう》6（1601）年《ねん》4月《がつ》10日《か》
三カ条《さんかじょう》からなる
入国法度《にゅうこくはっと》を出《だ》した

第一条《だいいちじょう》 家臣《かしん》が理屈《りくつ》に合《あ》わない無理《むり》なことを農民《のうみん》などに押《お》し付《つ》けてはいけない
第二条《だいにじょう》 山林《さんりん》の竹《たけ》や木《き》をだまって伐《き》り採《と》ってはいけない
第三条《だいさんじょう》 走百姓《はしりひゃくしょう》を早《はや》く農村《のうそん》に帰《かえ》らせること 特《とく》に遅《おく》れて帰村《きそん》する者《もの》の田地《でんじ》は没収《ぼっしゅう》する
領地《りょうち》から農民《のうみん》が逃《に》げ出《だ》すということは米《こめ》などの生産力《せいさんりょく》の低下《ていか》につながる それは国《くに》を支《ささ》える もっとも重要《じゅうよう》な基盤《きばん》を揺《ゆ》るがすこと
兵農分離《へいのうぶんり》をはかるため刀《かたな》狩《が》りもやらねばなるまい
肥後《ひご》の加藤清正殿《かとうきよまさどの》が背《せ》にいるとはいえ九州《きゅうしゅう》の情勢《じょうせい》は不安定《ふあんてい》
抵抗勢力《ていこうせいりょく》に対《たい》しても防衛策《ぼうえいさく》をとらねばなるまい

関ケ原《せきがはら》の戦《たたか》いにおいて
敵中突破《てきちゅうとっぱ》で退却《たいきゃく》した
島津《しまづ》の動《うご》きも気《き》になる

国防《こくぼう》 農業《のうぎょう》
物流《ぶつりゅう》 商業《しょうぎょう》の発展《はってん》
すべてを
両立《りょうりつ》する国《くに》づくりに
必要《ひつよう》なのは何《なに》か?

それは
水《みず》だ!

水《みず》は農業用水《のうぎょうようすい》や
生活用水《せいかつようすい》だけではなく
物流《ぶつりゅう》の道《みち》となり
時《とき》に城《しろ》を守《まも》り
火消《ひけ》しとなる
しかし同時《どうじ》に水《みず》は
恐《おそ》ろしいものでもある
筑後川《ちくごがわ》の水《みず》を分流《ぶんりゅう》し
洪水《こうずい》を防《ふせ》ぐ役目《やくめ》も
考《かんが》えなければならぬ
そのためには
城下町《じょうかまち》に堀《ほり》を
張《は》り巡《めぐ》らせることが
必要《ひつよう》だ
殿《との》が自《みずか》ら
そのようなことを
なさらずとも
今《いま》は一人《ひとり》でも
労力《ろうりょく》が必要《ひつよう》
なんや
城《しろ》におるより
皆《みな》と汗水《あせみず》たらし
働《はたら》くほうが
いいんや
それに…

城《しろ》の上《うえ》から見《み》ても見《み》えぬことが下《した》からだと見《み》えることがあるんや
それはどういうことでありまするか？
あれを見《み》てみ
立派《りっぱ》なお城《しろ》でござりまする
立派《りっぱ》な城《しろ》がこれだけよく見《み》えるとはどういうことや
美《うつく》しゅうござりまする
アホ おまえが敵《てき》やったらどうや
はっ
城《しろ》を隠《かく》すように木《き》を植《う》えるんや景観《けいかん》のことも考《かんが》えるんやぞ
承知《しょうち》いたしました！
吉政《よしまさ》は前方《ぜんぽう》の見通《みとお》しを悪《わる》くし敵《てき》の侵入《しんにゅう》を阻《はば》むため土居《どい》や堤防《ていぼう》に榎《えのき》や椋《むく》櫨《はぜ》などを植《う》えた

※田中道《たなかどう》：久留米城《くるめじょう》と柳川城《やながわじょう》を直線《ちょくせん》で結《むす》んだこの新道《しんどう》の両側《りょうがわ》には溝《みぞ》が掘《ほ》られ、掘《ほ》り起《お》こした土《つち》は道《みち》に積《つ》まれて周囲《しゅうい》より高《たか》くなっていました。軍事道路《ぐんじどうろ》としての役割《やくわり》に加《くわ》え、商工業《しょうこうぎょう》の発展《はってん》を狙《ねら》って道《みち》の要所《ようしょ》には町《まち》をつくりました。

有明海沿岸《ありあけかいえんがん》に潮止《しおど》め堤防《ていぼう》を作《つく》り農地《のうち》を開拓《かいたく》する
大掛《おおが》かりなことゆえ総動員《そうどういん》でやらねばなるまい
それは無理《むり》でございまする
どういうことだ?

農民《のうみん》 職人《しょくにん》どこも
工事《こうじ》に追《お》われ
人手《ひとで》が足《た》りませぬ
もう
猫《ねこ》の手《て》も
借《か》りたい状況《じょうきょう》で
ございまする
…猫《ねこ》の手《て》か
困《こま》ったものだ
何《なに》か策《さく》が
ないものか…
ああ
コラー

この泥棒猫《どろぼうねこ》め！
そうや！
人手不足《ひとでぶそく》の対策《たいさく》として
罪人《ざいにん》を殺《ころ》さず労働力《ろうどうりょく》にする
罪人《ざいにん》を労働力《ろうどうりょく》に…
ざわざわ

罪人《ざいにん》とはいえ
今《いま》は大事《だいじ》な労働力《ろうどうりょく》
しっかり飯《めし》を
あたえ過重労働《かじゅうろうどう》を
させてはならぬぞ！
慶長《けいちょう》7（1602）年《ねん》
8月《がつ》6日《か》
有明海沿岸《ありあけかいえんがん》
有明海《ありあけかい》は
潮《しお》の干満差《かんまんさ》が大《おお》きい
満潮時《まんちょうじ》ともなれば
潮《しお》が堤防《ていぼう》に入《はい》り込《こ》む
ばっ
暦《こよみ》から潮《しお》が引《ひ》く
日時《にちじ》を読《よ》み
一気《いっき》に川《かわ》と川《かわ》の間《あいだ》を
完成《かんせい》させねばならぬ

総力《そうりょく》を集《あつ》めたとはいえ時間《じかん》との勝負《しょうぶ》
刀《かたな》を鍬《くわ》に持《も》ち替《か》えねばなるまい
お前《まえ》たちもっと気合《きあい》を入《い》れて働《はたら》かぬか!
はあやってられねぇな

俺《おれ》たちは明日《あした》死《し》んでもいい身《み》だ
あんたらが何《なに》を言《い》おうが指図《さしず》は受《う》けねぇ
この役立《やくた》たずめ切《き》り捨《す》ててくれる!
宮川才兵衛《みやがわさいべえ》
よいそのままやらせておけ
えっ!
でですが…

今《いま》は誰一人《だれひとり》
無駄《むだ》な者《もの》など
おらん
さあ
仕事《しごと》や
もう
うんざりだぜ!

こんな堤防《ていぼう》を作《つく》ってどうなる
俺《おれ》たちには何《なに》も関係《かんけい》ない
領地《りょうち》増《ふ》やしに躍起《やっき》になっているのはいいが
あんたがやりたいだけのことに付《つ》き合《あ》うのはごめんだ

貧《まず》しいから争《あらそ》いが起《お》きる ひもじいから物《もの》を盗《ぬす》む 不安《ふあん》やから人《ひと》を傷《きず》つける
わしがやりたいことはそれをなくすことや
すべては一刻《いっこく》も早《はや》い筑後国《ちくごのくに》の安定《あんてい》のため
土居《どい》を築《きず》き拓《ひら》いた新田《しんでん》はこの工事《こうじ》に関《かか》わった全《すべ》ての者《もの》に分配《ぶんぱい》する
むろんお主達《ぬしたち》にもだ
俺達《おれたち》にも…?! そんなバカな…

よっしゃ！
おまえら ちんたらしねぇで やるぞ！
おうっっ!!

山門《やまと》 三潴《みずま》 下妻《しもつま》
三郡《さんぐん》の農民《のうみん》たち
家臣《かしん》として
引《ひ》き連《つ》れてきた
穴太衆《あのうしゅう》
そして
罪人《ざいにん》たちが

ひとつとなった

そして
慶長《けいちょう》7（1602）年《ねん》8月《がつ》8日《か》
吉政《よしまさ》と人々《ひとびと》はわずか3日で25キロにも及《およ》ぶ堤防《ていぼう》を築《きず》きあげた
皆《みな》の飯《めし》を持《も》って参《まい》れ それと酒《さけ》もな
罪人《ざいにん》もおりまするが…

今日《きょう》は 百姓《ひゃくしょう》も罪人《ざいにん》も 職人《しょくにん》も皆《みな》 無礼講《ぶれいこう》や
わああああ
その後《ご》 第《だい》2工事《こうじ》が行《おこな》われ 慶長《けいちょう》12(1607)年《ねん》 慶長本土居《けいちょうほんどい》は完成《かんせい》した

慶長《けいちょう》10（1605）年
吉政《よしまさ》のもとに
宣教師《せんきょうし》が訪《おとず》れた
お久《ひさ》しぶりで
ゴザイマス
おお
よく
参《まい》られた
お主《ぬし》に
見《み》せたいものが
ある
さあ
上《うえ》へ参《まい》ろう
これは…

ナントスバラシイ
時代《じだい》が変《か》われば人《ひと》も変《か》わる新《あたら》しいこともいずれ古《ふる》くなりそして忘《わす》れ去《さ》られる
諸行無常《しょぎょうむじょう》が世《よ》のならわしとはいえ
皆《みな》が力《ちから》を合《あ》わせ築《きず》きあげた汗《あせ》と血《ち》と知恵《ちえ》の結晶《けっしょう》は
不変《ふへん》であると信《しん》じたい

はたして遠《とお》い未来《みらい》この柳川《やながわ》はどうなっているのだろうか?
慶長《けいちょう》14(1609)年《ねん》田中吉政《たなかよしまさ》は江戸《えど》参勤途中《さんきんとちゅう》京都伏見《きょうとふしみ》で没《ぼっ》した
享年《きょうねん》62であった
浄財

吉政《よしまさ》の死後《しご》その思《おも》いは四男《よんなん》の田中忠政《たなかただまさ》に受《う》け継《つ》がれたが跡継《あとつ》ぎに恵《めぐ》まれず田中家《たなかけ》は改易《かいえき》立花宗茂《たちばなむねしげ》が返《かえ》り咲《さ》いた
留守《るす》の間《あいだ》にずいぶんと変《か》わったものだ
しかし8年《ねん》足《た》らずでこのような国《くに》を作《つく》るとは…
みごとじゃ
吉政《よしまさ》が築《きず》いた水華《すいが》の国《くに》・柳川《やながわ》はその後《ご》筑後《ちくご》を治《おさ》める立花家《たちばなけ》の善政《ぜんせい》によりしっかりと受《う》け継《つ》がれ…

そして現在《げんざい》
今《いま》は生活用水《せいかつようすい》としての
機能《きのう》はなくなったが
水害《すいがい》を防《ふせ》ぐ治水《ちすい》の
機能《きのう》は健在《けんざい》
さらに
川下《かわくだ》りのドンコ舟《ふね》が
往来《おうらい》する
観光地《かんこうち》として
地域《ちいき》に貢献《こうけん》している
遠《とお》い時代《じだい》
吉政《よしまさ》と人々《ひとびと》の結晶《けっしょう》である
東洋《とうよう》のヴェネツィア
柳川《やながわ》は次《つぎ》の世代《せだい》
また次《つぎ》の世代《せだい》へと
受《う》け継《つ》がれ
そして
あの日《ひ》の姿《すがた》を
今《いま》も残《のこ》している

天下人に仕え、「土木の神様」と称えられた戦国大名 田中吉政《たなかよしまさ》

羽柴秀吉の直臣《じきしん》となり出世

田中吉政は天文17（1548）年、近江国《おうみのくに》の田中重政の長男として生まれた。田中家は、佐々木源氏の流れを汲む豪族であったと思われるが、比叡山で修行し社僧として宮部神社を拠点にしていた宮部継潤《みやべけいじゅん》に仕え始める。継潤は当時、永禄3（1560）年の野良田《のらだ》の戦いで六角氏を破り近江で力を付けていた浅井長政の家臣であったことから、

田中家も浅井家に仕えた。

永禄3（1560）年、織田信長は桶狭間で今川義元を破り足利義昭を擁して都入りすると、義昭を室町幕府の第15代将軍につけた。信長は天下統一を目指すなか、元亀《げんき》元（1570）年浅井・朝倉と戦った。この時、宮部継潤は信長の部下、羽柴秀吉の調略によって織田方に下る。宮部家に仕えていた吉政も織田に従うこととなった。

天正9（1581）年、織田家中の出世頭であった秀吉が鳥取城を落とすと、戦の功績が認められた継潤が5万石の鳥取城主となる。この時、吉政も1500石を与えられている。当時、秀吉は甥の秀次を継潤に預けており、吉政は秀次の傅役《もりやく》を務めていた。

そうした経緯もあって、秀次が秀吉の元に帰る際、吉政は秀吉の直臣となり、秀吉の下で築城技術や経済政策など国を治める術を学ぶ。

秀次の宿老《しゅくろう》筆頭

天正10（1582）年6月2日、天下統一を目指した織田信長が本能寺で明智光秀に討たれた。動揺する織田家中で、秀吉は中国攻めの最中にありながらも驚異的なスピードで引き返し、京都山崎で光秀との戦いに臨んだ（山崎の戦い）。信長の敵《かたき》を討ち、天下人への階段を駆け上り始めたのは秀吉であった。秀吉は、急速に勢力を拡大する。

天正13（1585）年8月、秀吉は対立していた長曾我部元親《ちょうそかべもとちか》を屈服させ、四国を平定し関白に任じられる。秀吉は功績をあげた者たちに恩賞を与えた。総大将を務めた甥の秀次には、近江国蒲生郡《がもうぐん》の近江八幡43万石が与えられた。その内の23万石は宿老などの領地であった。例えば、中村一氏には近江水口城と領地6万石、堀尾吉晴には近江佐和山城と領地4万石、山内一豊は近江長浜城と領地2万石、一柳直末《ひとつやなぎなおすえ》は美濃大垣城と領地2万5000石が与えられた。これら宿老たちの城は、秀次領を守るための防衛線としての重要な役割も担っていた。

一方、宿老筆頭であった吉政は3万石を与えられただけで、城は与えられていない。宿老筆頭にしては、恩賞が少ない。しかし、これには秀吉なりの考えがあった。秀次に近江八幡を与えた秀吉は、近江八幡山に城づくりを命じた。子供がいなかった秀吉は、甥の秀次を自分の後継者として育てようと考える。そのため、近江八幡山に巨大な城を築き、天下にその威光を見せつけようと考えたのであろう。また、秀吉の後継ぎともなれば、京都にいて公家との付き合いや政《まつりごと》を学ばなければならない。秀次自身は近江八幡を留守にすることが多くなるため、宿老筆頭である吉政に近江八幡城の築城から秀次領の差配までを託す。吉政に城を与えなかったのは、そのためだと考えられる。

秀次が近江八幡城主を務めたのは18歳からの5年間であるが、秀次領内の差配に関する吉政の書状が数多く残っていることから、吉政が秀次に代わって領内の差配を行っていることがうかがえる。天正16（1588）年3月、吉政は従五位下に叙せられ、兵部大輔《ひょうぶたゆう》に任じられる。

旧家康領を治める

天正18（1590）年、秀吉は関白として大名間の争いを禁じた「惣無事令《そうぶじれい》」に違反していることを理由に、関東の名門北条氏を倒し天下統一を果たした。この「小田原征伐」後に秀吉は大規模な大名の配置換えを行う。この時、北条氏が治めていた関東の6か国を徳川家康に与えた。132万石から250万石への大幅な加増であるが、家康を関東に封じ込める秀吉の策略でもあった。

家康の関東移封に伴い、家康が治めていた三河国（愛知県）の岡崎5万7000石を吉政が拝領し、岡崎城と西尾城を治めることになった。しかし、この時も織田信長の二男信雄が治めていた尾張（愛知県）に秀次が入ったことから、吉政は自分の領地を重臣の宮川吉久に任せ、自身は尾張の差配を行うなど、しばらくは秀次を補佐していた。

その後、秀次と秀吉の間に亀裂が入る。原因は世継ぎの問題である。秀吉に秀頼が生まれたのだ。お互いの思い違いなどもあり、溝が深まり修復できないところまで関係が悪化する。吉政も宿老筆頭として秀次をいさめるが、ついに、文禄4（1595）年7月、秀次は高野山に幽閉され、切腹するという最悪の結末となった。この時、秀次一族だけでなく使用人なども処刑された。宿老が対象となってもおかしくないが、責任を追及されるどころか吉政は2万8000石を加増されている。さらに、翌文禄5（1596）年には1万4000石を加増され、10万石の大名となった。

家康領であった岡崎に入った吉政は、城郭を広げ城下町全体を堀で囲む総曲輪《そうぐるわ》を作った。また、「二十七曲り《にじゅうななまがり》」と呼ばれる迷路をつくるなど防備を固め、併せて家臣団の充実を図った。こうして国の守りを固めながら、城下町に東海道を引き込み、人の往来を盛んにすることで城下町を物流、交通の要衝《ようしょう》にしようとした。吉政の狙い通り城下につくった岡崎宿は栄えた。江戸時代に、「東海道五十三次」の38番目の宿場町として整備され大いに栄えることとなる。

吉政は、国を強くし民の暮らしを豊かにすることを目指した。城下町には商人や職人を移住させ、商工業を盛んにした。八丁味噌や灯篭、石製品、小刀鍛冶、木綿、菓子など多くの特産品づくりを進め、岡崎が経済的に発展するよう環境を整えた。国の基盤ともなる米を始めとする農業政策にも力を注ぐ。農民の話を聞き、熱心に質問するなど農業技術や生産活動に関心を寄せていたという。農村保護を打ち出し、不作の年には年貢の負担を軽くするなど領民思いの政策も実行している。

初代筑後国主

慶長3（1598）年8月18日、豊臣秀吉が伏見城で亡くなった。享年62。天下人の死は、豊臣政権内に亀裂を生んだ。秀吉の側近として事務方を務めていた石田《いしだ》三成《みつなり》と「賤ケ岳《しずがたけ》の七本槍」に数えられる武将たちとの対立が表面化したのである。彼らは朝鮮出兵で恩賞もなく兵を失い、不満を抱えていた。豊臣家内のいわゆるお家騒動であるが、この対立に徳川家康が便乗し天下をうかがう。次第に豊臣家は三成派と家康派の対立に発展する。

慶長5（1600）年6月、上杉景勝《うえすぎかげかつ》に謀反の兆しありという理由で五大老筆頭の家康が上杉討伐のため出陣すると、これを好機と見た三成が挙兵した。会津に向かう途中で三成挙兵の知らせを受けた家康は上杉討伐を中止し、三成との決戦に向かう。そして、同年9月15日の早朝、関ケ原において徳川家康率いる東軍7万4000と石田三成率いる西軍8万2000が激突する。これほどの大規模な合戦にもかかわらず、戦いはわずか半日で東軍の圧勝に終わった。

戦いに敗れた三成は伊吹山《いぶきやま》を敗走する。追っ手を差し向ける家康は、三成と幼なじみの吉政に三成捕縛を命じる。吉政は家康の期待に応え、三成を捕縛する。この時、三成が逃走中に生米を食し腹痛に苦しんでいたことを知った吉政は、三成の体調を気遣い、三成が所望したニラ雑炊を振る舞うなど丁重にもてなしたといわれている。

田中吉政は、石田三成を捕縛した功績により、家康から筑後32万5000石の領地を拝領し、福岡県南を治める初代筑後国主となった。

柳川城を本城に10の支城を配置

慶長6（1601）年4月、田中吉政は筑後国主として柳川に入部し、新しい国を治める拠点として柳川城を本城に定めた。

本城である柳川城は元々、蒲池《かまち》氏が築いたものである。有明海を背に筑後川と矢部川の中間に位置し、さらに北側を沖端川、東側を塩塚川が通る海と川に囲まれた天然の要害《ようがい》であった。それを、前領主であった立花宗茂が近世城郭とするために整備を進めていたが、関ケ原の戦いで西軍についたため改易となり柳川を去った。吉政は宗茂の跡を引き継ぎ、32万5000石の本城にふさわしい防衛力の強化と規模の拡張を図った。

5層の天守閣もつくった。本丸を守る二の丸と三の丸には重臣たちの屋敷や米蔵などを配置した。三の丸の周囲には外城とよばれる侍屋敷を配置。外城の周囲には、城郭の北部に城下町を整備し職能や職業毎に町屋を立てた。食料品を扱う八百屋町や西魚屋町、寺町なども配置した。そうした城下町までをぐるりと堀で囲む総郭型《そうかくがた》構造の城郭を作り上げ、町全体の防衛能力を引き上げたのだ。城郭を拡張した結果、その規模は東西2キロメートル、南北4キロメートルにも及んだ。

柳川城の他に、久留米城（久留米市）、赤司城（三井郡）、城島城（久留米市）、榎津城（大川市）、福島城（八女市）、猫尾城（八女市）、江浦城（みやま市）、鷹尾城（柳川市）、中島城（柳川市）、松延城（みやま市）の10の支城を置いて守りを固めた。

「土木の神様」

国を治める者には治水能力が求められるが、吉政は秀吉の下で最先端の築城や道路の整備、治水、街づくりなどを学んだ。その技術や人材をもって豊かな国づくりを推し進めた。そのため、吉政は亡くなって400年以上経った今でも「土木の神様」と称えられている。

吉政が取り組んだ代表的な治水事業としては、まず、「慶長本土居《けいちょうほんどい》」の築堤がある。慶長本土居とは、慶長年間に大川市北酒見から柳川市、大和町、みやま市渡瀬までの有明海沿岸32キロメートルに及ぶ堤防である。吉政はそのうちの25キロメートルをわずか3日で築いてみせたのだ。

慶長本土居の工事は、2期に分けて行われた。第1期工事は、慶長7（1602）年8月6日から山門郡鷹尾村（柳川市大和町）から三潴郡《みずまぐん》酒見の北沖村（大川市）までの25キロメートルに高さ約2メートルの堤防を築く。工期はたったの3日。大和、三潴、下妻《しもつま》3郡の農民を総動員しての大事業だった。

吉政はなぜ、これほど大規模な堤防を3日で築こうとしたのか。有明海沿岸では、以前から何度も堤防が築かれた。しかし、有明海は干潮時と満潮時での波の高低差が日本で最も大きく、最大6メートルにもなる。干潮時に堤防を築いても、満潮時に積み上げた土などが波にさらわれてしまう。特に、第1期工事で手掛ける区間には筑後川、沖端川、塩塚川、矢部川が流れ込んでいる。そのため、川と川の間の堤防を一気に築く必要がある。吉政は4本の川の間をつなぐ堤防を1日で仕上げ、他の部分も含めて25キロメートルの堤防を3日で作り上げてしまう。場所によっては大変な難工事もあったが、それでも見事に完成させた。

第2期工事は、現在のみやま市高田町渡里から同町の渡瀬の7キロメートルを、慶長12（1607）年に行った。そうして計32キロメートルに及ぶ慶長本土居を完成させた。

沿岸部は、高潮による塩害で農作物の発育に悪影響を受けていたが、慶長本土居ができたことで、塩害の被害を軽減でき、その分、農産物の生産力が高まった。また、築堤によって有明海に向けた干拓も可能になった。吉政は、葦などを植えて土壌を堆積させ、新田を広げる新田開発事業を奨励した。その結果、筑後国の領地は広がり石高も増した。

慶長本土居を急ぎ作ったのには、高潮被害から農地を守り干拓により石高を上げるという目的以外に、有明海からの侵入を防ぐ海防の必要性を吉政が強く感じていたからかもしれない。

田中家が筑後国に入部した頃、世の中は混乱期であった。関ケ原の戦いで徳川家康率いる東軍が勝利したとはいえ、家康が、武家の棟梁である征夷大将軍に任じられるのは吉政の入部から2年後のことである。そのため、吉政が入部後、最も力を注いだのは国防であった。安全保障問題、なかでも他国からの侵略を防ぎ国の独立を保つための国家安全保障は、政権を担う者にとって最優先事項である。吉政は柳川城を中心に10の支城を整備すると共に、慶長本土居を急ぎ築堤し、海からの侵入にも対策を講じたと考えられる。

柳川を水郷に変えた

柳川を表すとき「水郷」という言葉が使われる。柳川には水を運ぶ堀が網の目のように張り巡らされており、全長は実に930キロメートルにも及ぶ。まさに、「水郷柳川」である。しかし、吉政が入部したころの柳川は水の豊かな土地とは言えなかった。吉政は、網の目状に堀割を整備し、川から水を引き込むことで、生活用水や農業用水として利用できる環境を整えた。堀割は、物資を運ぶ水運の機能も果たした。

吉政が整備した堀割には、様々な工夫が凝らしてある。高低差の小さい平野でも水が行き渡るよう水路の水の勢いを変える構造や、大雨で水量が増えても田んぼで水を受け止める工夫、さらには、水を浄化する仕組みまでを作り上げていたのだ。現代のように、水を送りだしたり、きれいな水と入れ替えたりするのに動力を必要としない、非常に優れた知恵を当時から持っていたといえる。こうして、城下町をはじめ田畑や人々が生活する場所に水を満たす仕組みを作ったことが、今の水郷柳川の発展につながっているのだ。

今では、水道の普及で堀割の役割は減ったが、柳川を代表するドンコ舟に乗って楽しむ川下りは重要な観光資源として市の観光産業を支えている。

吉政は、産業の育成にも力を尽くした。入部前の岡崎時代にも多くの産業の育成を成し遂げたが、筑後国においても溝口廣瀬の和紙や蒲池の陶器、上妻のお茶、下妻のイ草などの産業を育成し豊かな国づくりを推し進めた。

筑後国主として8年間で国の基礎を築いたが、慶長14（1609）年2月18日、江戸参勤の帰途、京都伏見で亡くなる。享年62。吉政の遺骸は、京都市黒谷の金戒《こんかい》光明寺《こうみょうじ》と柳川市の眞勝寺《しんしょうじ》に葬られた。金戒光明寺といえば、文久2（1862）年12月、会津藩主、松平容保が京都守護職として京に入った際、本陣に選んだのがこの寺だった。

眞勝寺にある吉政の墓は、本堂の真下にある。墓石自体は32万5000石の国主にしては小さな印象を受けるが、実は、本堂まで含めて吉政の墓であるという考えで建てられているそうだ。こうした造りは、キリスト教では司祭など位の高い人物の墓で見られる。また、墓石はキリスト教徒にとって高貴とされる石が使われている。吉政は、パルトロメヨという洗礼名を持つ。キリスト教徒としての吉政の墓と考えれば合点がいく。

吉政の跡は、四男の忠政が継いだ。しかし、忠政に子がなかったため元和6

（1620）年、田中家は改易となった。わずか20年の統治であったが、田中家が推し進めた国づくりや政策は、今日の福岡県南の発展に大きく貢献してきた。

天下人を支えた近江の豪商

田《た》中《なか》清《せい》六《ろく》正《まさ》長《なが》

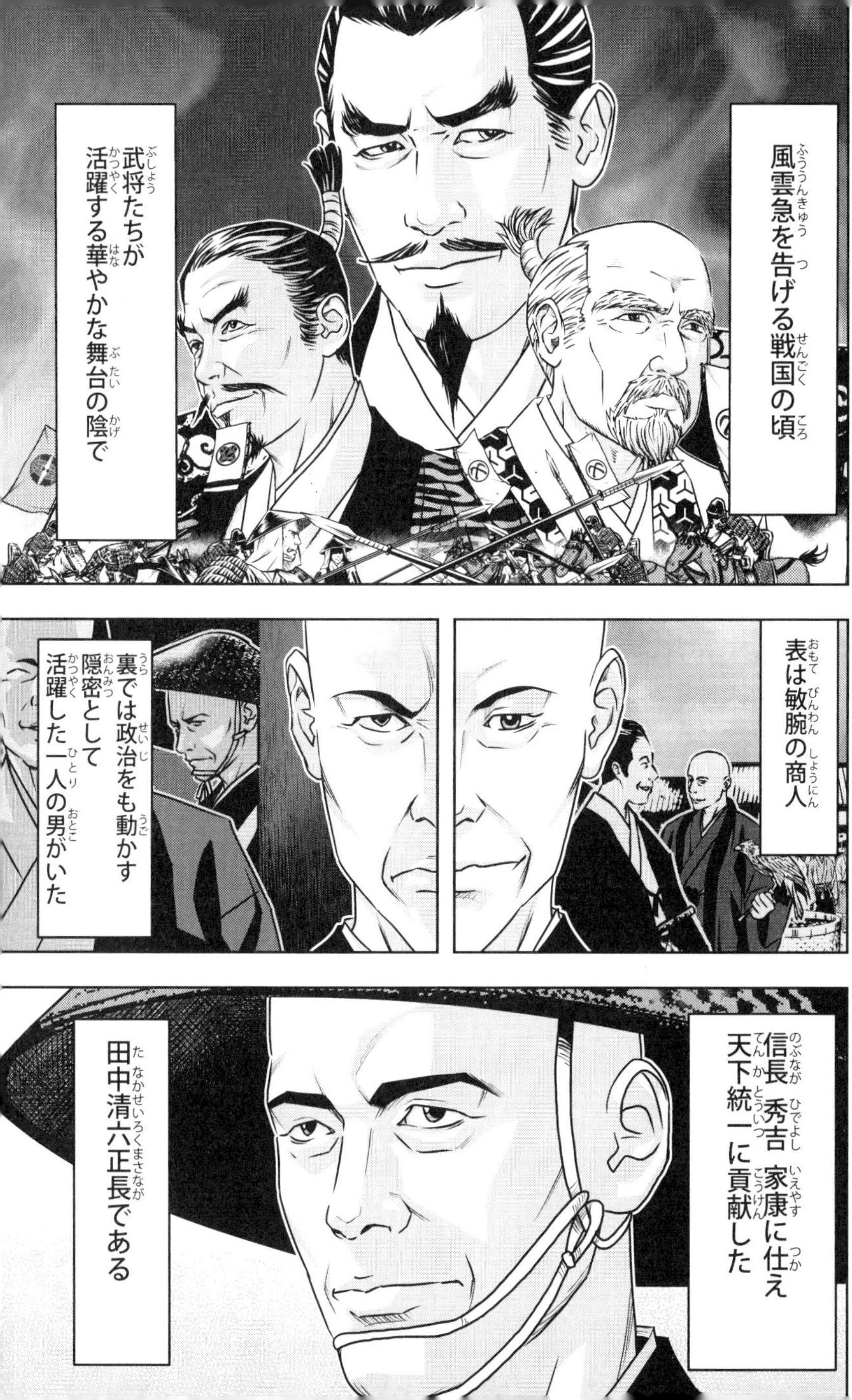

風雲急《ふううんきゅう》を告《つ》げる戦国《せんごく》の頃《ころ》
武将《ぶしょう》たちが活躍《かつやく》する華《はな》やかな舞台《ぶたい》の陰《かげ》で
表《おもて》は敏腕《びんわん》の商人《しょうにん》
裏《うら》では政治《せいじ》をも動《うご》かす隠密《おんみつ》として活躍《かつやく》した一人《ひとり》の男《おとこ》がいた
信長《のぶなが》 秀吉《ひでよし》 家康《いえやす》に仕《つか》え天下統一《てんかとういつ》に貢献《こうけん》した
田中清六正長《たなかせいろくまさなが》である

田中清六《たなかせいろく》は
近江国《おうみのくに》 高島郡田中下城村《たかしまぐんたなかしもじょうむら》に
生《う》まれた
清六《せいろく》は 兄清左衛門《あにせいざえもん》と共《とも》に
田中吉政《たなかよしまさ》の血縁者《けつえんしゃ》だったと
言《い》われている
清六《せいろく》は 表向《おもてむ》きは
「鷹商人《たかしょうにん》」として全国《ぜんこく》を巡《めぐ》り
その先々《さきざき》で情勢《じょうせい》を探《さぐ》り
お求《もと》めの
白鷹《しろたか》にございます
これは
見事《みごと》じゃ！
情報《じょうほう》を各方面《かくほうめん》に届《とど》けていた

そして清六《せいろく》の〝客《きゃく》〟の一人《ひとり》が――
織田信長《おだのぶなが》
いい面構《つらがま》えをしておる
ときに清六《せいろく》 東国《あずまのくに》の様子《ようす》はどうだ？
今《いま》のところ至《いた》って平穏《へいおん》 きな臭《くさ》い動《うご》きはございません
そうか 安心《あんしん》いたした
清六《せいろく》 これからも頼《たの》むぞ！
はっ！

しかし天正《てんしょう》10（1582）年本能寺《ほんのうじ》の変《へん》が勃発《ぼっぱつ》
信長《のぶなが》が没《ぼっ》した後《あと》遺志《いし》は秀吉《ひでよし》が継《つ》ぎ
秀吉《ひでよし》に引《ひ》き立《た》てられた清六《せいろく》は命《めい》を受《う》け
しばしば奥羽《おうう》の地《ち》へ偵察《ていさつ》に出《で》た

むっ この匂《にお》い！
大層《たいそう》なお荷物《にもつ》ですなぁ
こ これは 殿《との》さまが硫黄《いおう》を 大量《たいりょう》にお求《もと》めになって 急《いそ》いで届《とど》けているのさ
ほう 硫黄《いおう》を…
硫黄《いおう》は鉄砲《てっぽう》の火薬《かやく》に 不可欠《ふかけつ》だ
すぐに秀吉様《ひでよしさま》へ 書状《しょじょう》を送《おく》ろう

清六《せいろく》は情報収集《じょうほうしゅうしゅう》だけでなく
陸奥国《むつのくに》の南部信直《なんぶのぶなお》を
前田利家《まえだとしいえ》を通《つう》じて
秀吉《ひでよし》にとりなすといった
政治工作《せいじこうさく》にも力《ちから》を発揮《はっき》
南部様《なんぶさま》をお連《つ》れしました
こうした政治的《せいじてき》な働《はたら》きとは別《べつ》に
清六《せいろく》は商人《しょうにん》としても
非常《ひじょう》に優秀《ゆうしゅう》だった
この馬《うま》を買《か》いたい
お目《め》が高《たか》い！上等《じょうとう》の南部馬《なんぶうま》でございます
ただ先客《せんきゃく》とも交渉中《こうしょうちゅう》でして…
ならば即金《そっきん》で30両《りょう》だそう
商機《しょうき》を見極《みきわ》め
莫大《ばくだい》な財《ざい》をなし
何艘《なんそう》もの千石船《せんごくぶね》を
所有《しょゆう》する豪商《ごうしょう》となった
この財産《ざいさん》が 武将《ぶしょう》たちの
資金源《しきんげん》としても
活《い》かされていくのである
この清六《せいろく》の才能《さいのう》に
目《め》を付《つ》けたのは
秀吉《ひでよし》だけではなかった

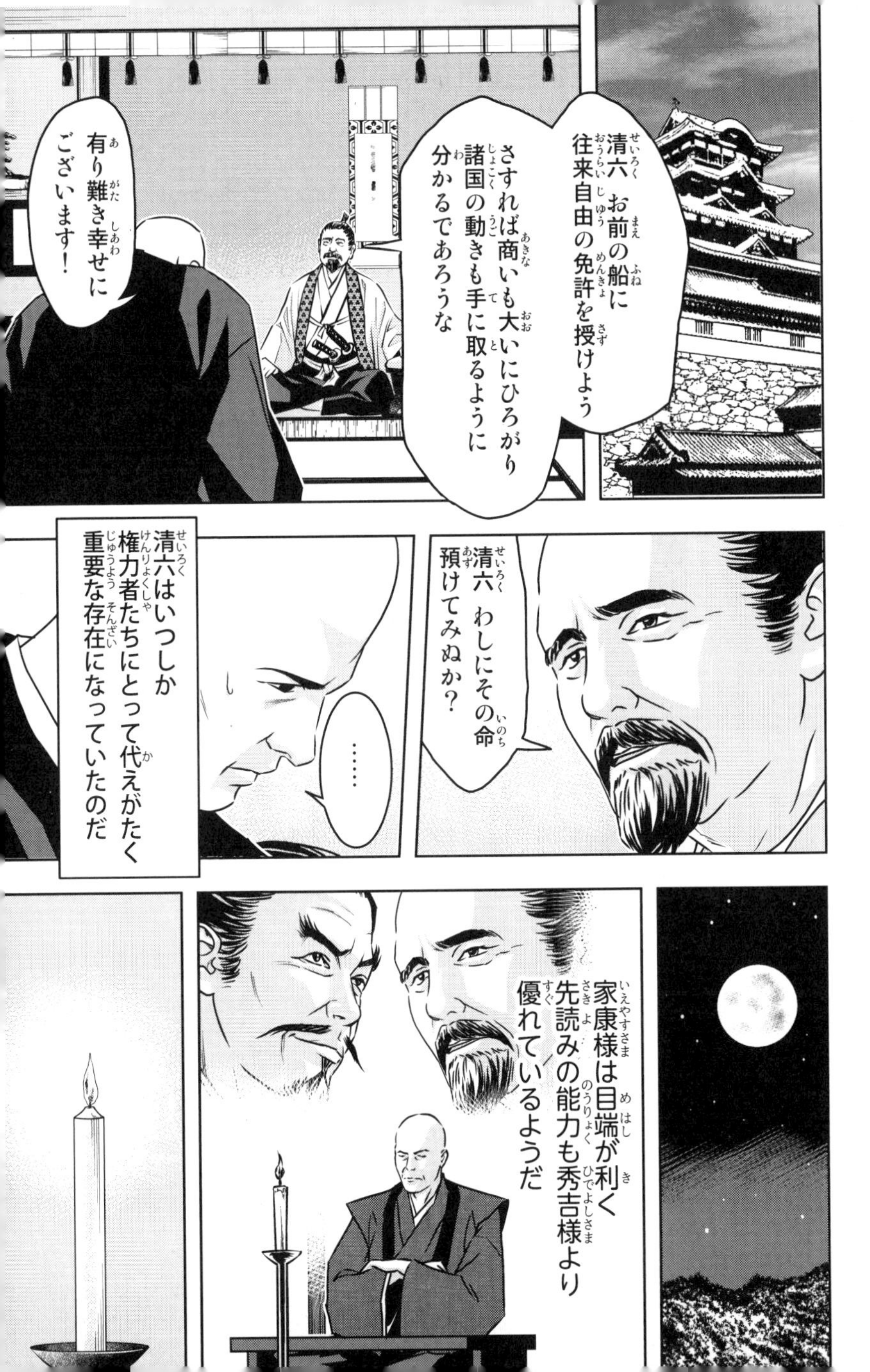

清六《せいろく》 お前《まえ》の船《ふね》に往来《おうらい》自由《じゆう》の免許《めんきょ》を授《さず》けよう
さすれば商《あきな》いも大《おお》いにひろがり諸国《しょこく》の動《うご》きも手《て》に取《と》るように分《わ》かるであろうな
有《あ》り難《がた》き幸《しあわ》せにございます!
清六《せいろく》 わしにその命《いのち》預《あず》けてみぬか?
……
清六《せいろく》はいつしか権力者《けんりょくしゃ》たちにとって代《か》えがたく重要《じゅうよう》な存在《そんざい》になっていたのだ
家康様《いえやすさま》は目端《めはし》が利《き》く先読《さきよ》みの能力《のうりょく》も秀吉様《ひでよしさま》より優《すぐ》れているようだ

清六《せいろく》 よくぞ言《い》った!
清六《せいろく》は時代《じだい》の流《なが》れを読《よ》み
家康《いえやす》に与《くみ》することにした
大名同士《だいみょうどうし》の腹《はら》の探《さぐ》り合《あ》いが続《つづ》く
戦国《せんごく》の世《よ》で
諸国《しょこく》の動静《どうせい》を伝《つた》え
家康《いえやす》を大《おお》いに助《たす》けたのである
上杉景勝《うえすぎかげかつ》との戦《たたか》いでも
家康《いえやす》と諸大名《しょだいみょう》との連絡《れんらく》をとり
海運《かいうん》の手腕《しゅわん》も活《い》かして
情報《じょうほう》の伝達《でんたつ》と軍資金《ぐんしきん》の調達《ちょうたつ》に貢献《こうけん》
戦《たたか》いを大《おお》きく左右《さゆう》したのが
清六《せいろく》だった

そして慶長《けいちょう》5年《ねん》――
関ケ原《せきがはら》の戦《たたか》いが起《お》きた
とうとう始《はじ》まったか!
当初《とうしょ》は「家康不利《いえやすふり》」と目《もく》されていたこの戦《たたか》いだが
清六《せいろく》は戦場《せんじょう》を縦横無尽《じゅうおうむじん》に駆《か》け回《まわ》り情報戦《じょうほうせん》で活躍《かつやく》
厭離穢土欣求
徳川方《とくがわがた》の東軍《とうぐん》を勝利《しょうり》に導《みちび》いた
えいえいおーっ

西軍《せいぐん》の将《しょう》 石田三成《いしだみつなり》は敗走《はいそう》
三成《みつなり》を捕《とら》えよ!
田中吉政《たなかよしまさ》が これを追《お》う命《めい》を受《う》けた
三成《みつなり》は逃亡《とうぼう》の末《すえ》 北近江《きたおうみ》 越前《えちぜん》の国境《こっきょう》にて捕縛《ほばく》
この時《とき》石田三成《いしだみつなり》を 生《い》け捕《ど》りにしたのは
清六《せいろく》の兄《あに》 清左衛門《せいざえもん》だったと 伝《つた》わっている

此度《こたび》の働《はたら》き
まことに見事《みごと》であった！
家康《いえやす》は清六《せいろく》の活躍《かつやく》ぶりに 感謝《かんしゃ》し さらに彼《かれ》を重用《ちょうよう》
清六《せいろく》は初代《しょだい》の 佐渡奉行《さどぶぎょう》に抜擢《ばってき》され
金山《きんざん》銀山《ぎんざん》の 管理《かんり》が主《おも》な仕事《しごと》になる
清六《せいろく》は佐渡《さど》に赴《おもむ》くと もう一人《ひとり》の奉行《ぶぎょう》と共《とも》に
これまでの制度《せいど》を改《あらた》め 金銀採掘《きんぎんさいくつ》の改革《かいかく》を行《おこな》った

今後《こんご》金《きん》 銀《ぎん》の採掘《さいくつ》は入札制《にゅうさつせい》とする！
越後《えちご》の甚六《じんろく》 2両《りょう》で落札《らくさつ》！
おおっ!!
「たぬき掘《ほ》り」と呼《よ》ばれる一見《いっけん》粗野《そや》な手法《しゅほう》で鉱山《こうざん》は猛《もう》スピードで開発《かいはつ》され
家康《いえやす》のもとには大量《たいりょう》の金銀《きんぎん》が届《とど》けられていった
後《のち》に 2人《ふたり》の奉行《ぶぎょう》が新《あたら》しく赴任《ふにん》 佐渡奉行《さどぶぎょう》は4人交代制《にんこうたいせい》となった

しかし　交代《こうたい》で非番《ひばん》の時《とき》清六《せいろく》が佐渡《さど》を離《はな》れている間《あいだ》のことであった
今年《ことし》より年貢《ねんぐ》は四公六民《しこうろくみん》から五公五民《ごこうごみん》とする
ええっ！
留守中《るすちゅう》に新任《しんにん》の奉行《ぶぎょう》たちが独断《どくだん》で年貢《ねんぐ》の税率《ぜいりつ》を上《あ》げたため土地《とち》の農民《のうみん》は江戸《えど》に直訴《じきそ》
この罪《つみ》を問《と》われ2人《ふたり》の奉行《ぶぎょう》は切腹《せっぷく》及《およ》び改易《かいえき》
非番《ひばん》だった清六《せいろく》ともう1人《ひとり》も連座《れんざ》で免職処分《めんしょくしょぶん》となった
田中様《たなかさま》にまで責任《せきにん》が及《およ》ぶとは…
気《き》にするな企《たくら》みに気付《きづ》けなかった私《わたし》の不徳《ふとく》の致《いた》すところだ

しかし 清六《せいろく》は奉行職《ぶぎょうしょく》に就《つ》いている間《あいだ》も商売《しょうばい》に抜《ぬ》かりなかった
旦那様《だんなさま》お帰《かえ》りなさいませ！
万事《ばんじ》つつがなく進《すす》んでおるか？
はい！
彼《かれ》は持《も》ち船《ふね》を活《い》かした商売《しょうばい》を活発《かっぱつ》に行《おこな》い
奉行免職後《ぶぎょうめんしょくご》も敦賀《つるが》を拠点《きょてん》に国内《こくない》の海運活性化《かいうんかっせいか》に努《つと》めた
清六《せいろく》を初《はじ》めとする豪商《ごうしょう》たちが開拓《かいたく》した海上《かいじょう》ルートは以降《いこう》「西廻《にしまわ》り」と呼《よ》ばれる主要航路《しゅようこうろ》に発展《はってん》していく
青森
秋田
酒田
新潟
柏崎
敦賀
江戸
大阪
下関
博多

後《のち》に彼《かれ》は隠居《いんきょ》して 頭《あたま》を丸《まる》め 「常秀《じょうしゅう》」と名乗《なの》った
近《ちか》く また大《おお》きな戦《いくさ》が 起《お》こりそうじゃな
まぁ そうでございますか
いや これで天下《てんか》が…
わしにはもう 関係《かんけい》のないことじゃ
慶長《けいちょう》19年《ねん》の夏《なつ》 清六《せいろく》は静《しず》かに その人生《じんせい》を終《お》えた
大坂《おおさか》の陣《じん》が始《はじ》まる 数ヶ月前のことだった

華《はな》やかな歴史《れきし》の陰《かげ》で
時代《じだい》の荒波《あらなみ》を乗《の》りこなし
力強《ちからづよ》く生《い》きた田中清六《たなかせいろく》の生涯《しょうがい》
彼《かれ》に子《こ》が何人《なんにん》いたかについては
諸説《しょせつ》あるが
清六《せいろく》の国《くに》を動《うご》かすほどの才能《さいのう》は
確実《かくじつ》に受《う》け継《つ》がれ
後《のち》の会津藩《あいづはん》でも
再《ふたた》び花開《はなひら》くことになる

天下人を支えた近江の豪商

田《た》中《なか》清《せい》六《ろく》正《まさ》長《なが》

信長の鷹商として頭角をあらわす

田中家には商いで才覚を表した者もいた。戦国武将・田中吉政の同族だといわれている豪商・田中清六正長である。

清六は己の才覚で財をなした豪商であるが、吉政と同じように織田信長、豊臣秀吉、徳川家康の3人の天下人に仕え、彼らを支えたという特異な存在でもあった。

田中清六については、村上直氏の『初期豪商田中清六正長について』（『法政史学』20巻、1968）や清六三男の宗親が著した『田中宗親書上』に詳しい。

清六は近江国高島郡田中下城村で生まれた。近江国高島郡は、嘉禎《かてい》元（1235）年に佐々木高信が田中郷の地頭に任じられたことで、佐々木氏一族の高島、平井、朽木《くつき》、永田、横山、山崎、田中の7家が治めた。この7家は、「高島七頭《たかしましちがしら》」などと呼ばれ、非常に大きな力を持っていた。清六は、この高島七頭・田中家の出であると考えられる。

清六の生まれた年については不明だが、歴史の表舞台に現れるのは天正7（1579）年前後である。信長の鷹商（鷹買）として奥羽《おうう》地方（現在の東北地方）に出入りして鷹や馬を仕入れており、17歳のころには既に知られる存在となっていた。

鷹狩は古代から天皇や貴族に親しまれていたが、軍事訓練や領内の状況を把握するといった目的もあり、武将も鷹狩を行うようになった。特に、織田信長や豊臣秀吉、徳川家康などは鷹狩を好んで行ったといわれる。

戦国時代、鷹は贈り物として非常に重要な意味を持っていた。なかでも、鷹の産地として知られた奥羽の武将は、中央の権力者との関係を築き、強化するために鷹を贈った。こうした行為は、相手に対する臣従をも意味していた。信長が鷹を好んだこともあり、鷹の価値はさらに高まり、鷹商としての清六の存在感も増したであろう。

天正7（1579）年、信長は安土城を築城するが、その頃から奥羽地方の武将たちは安土城に信長を訪れ鷹や馬を献上している。例えば、出羽大宝寺（山形県鶴岡市）の大宝寺義氏《だいほうじよしうじ》は7月18日、鷹11羽、駿馬5頭を信長に献上した。陸奥遠野（岩手県遠野市）の遠野孫次郎（阿曽沼広郷）は7月25日、珍しい白鷹を献上している。信長はこの白鷹をたいそう気に入ったそうだ。

奥羽の大名と秀吉をつなぐ

信長亡き後、天下統一を果たした豊臣秀吉も鷹を好み、何度も鷹狩を行っている。

秀吉は鷹の政治的な利用をすすめ、蝦夷《えぞ》松前氏に対して政権以外への巣鷹《すたか》（鷹の雛）の譲渡を禁じてもいる。それほど、戦国武将にとって鷹は重要視される存在だったということだ。

清六は当初、鷹や馬を調達するために働いていたが、信長の使いとして有力武将と接する機会を持つようになる。その後の秀吉や家康の下での役目や動きから考えると、信長は奥羽の武将など、権力者とのつなぎ手としての働きも求めるようになったとも考えられるし、清六もそれに応えたのであろう。

清六は、信長や秀吉の鷹商として奥羽の大名たちと関係を築き、彼らが求める中央の情報を伝えるとともに、奥羽の武将達の情勢を中央政権に伝えるという役割を担った。そうして、中央と奥羽の領主たちとをつなぎ、時には交渉事を任せられるなど政治的に重要な役割を果たすようになる。

奥羽の武将の中でも、南部氏との関係は特に密接だった。特に、26代目当主となった南部信直《なんぶのぶなお》とは非常に強い信頼関係を築いていたようだ。天正10（１５８２）年、信直が26代目当主を継いだとき、清六は松前（北海道）を経て野辺地《のへじ》（青森）を廻り都に上る途上にあった。信直の当主就任の知らせを受けた清六は喜び、急ぎ信直のいる三戸城《さんのへ》を訪れた。突然の訪問に信直は喜び、すぐに清六と面会するほどだったことからも、2人の間には強い信頼関係があったことがうかがえる。

天正10（1582）年、本能寺の変で織田信長が明智光秀に討たれた。秀吉は、「中国大返し」ですぐさま引き返し、山崎の戦いで光秀を討ち果たす。その後、秀吉は近畿、四国、九州、関東と勢力を拡大し天下人へ駆け上がる。信直は、秀吉のそうした勢いや天下の情勢を清六から仕入れ、秀吉との関係を築くことで東北地方での地位を確かなものにしようとする。その際、清六は、前田利家を仲介人として秀吉との関係をつくるよう信直に進言する。信直も清六の意見を入れて、利家に良馬を贈るなどして秀吉への取次を依頼した。こうして信直は、秀吉との関係を築くことに成功したのだ。

秀吉は、清六を使って豊臣家と奥羽の武将との関係構築を進めた。清六は、鷹商として奥羽の鷹を買い求めながら、一方では、秀吉の命を受けて諸国をめぐり、各地の武将たちの状況や動静を秀吉に報告する。時には、彼らを豊臣政権に組み入れるための交渉や説得も行った。他国の情報を集めるのは難しい任務である。情報が間違っていれば、秀吉の判断を狂わせ、豊臣家に損害を与えることにもなりかねない。また、交渉がうまく進まなければ、戦わずに味方につける調略などの策も打てない。最悪の場合、戦も覚悟しなければならない。

中国春秋時代、紀元前500年頃に著された兵法書『孫子』の中で、著者の孫武は戦い方の優劣を「上兵《じょうへい》は謀《ぼう》を伐《う》つ、其《そ》の次は交《こう》を伐つ、其の次は兵《へい》を伐つ、其の下《げ》は城を攻《せ》む。攻城の法は、已《や》むを得ざるが為《ため》なり」と説く。最も優れた戦い方は、敵の意図を見抜いてそれを未然に防ぐことである。圧倒的な兵力を見せつけて、戦う気力を失わせるような手法もこれにあたるであろう。次は、敵の同盟関係を崩し孤立させること。敵の有力武将を調略して、こちらに引き入れるような手法である。孫子の「戦わずして勝つ」という言葉でも表現されている。秀吉は、この「謀を伐つ」「交を伐つ」に長けた武将であった。

3番目が合戦をすること。そして、もっとも悪い戦い方は城を攻めることである。実際に合戦や城攻めを行えば、たとえ勝利を収めたとしても、味方にも相当の負傷者や死者が出て、戦力の低下は免れない。戦となれば、軍備や食料も必要になるから、莫大な金が出ていくことになり、国力は低下する。そうしたときに、他国から攻められれば、国の存亡が危ぶまれる事態にもなりかねない。

秀次事件でも連座を免れる

清六は秀吉からの厚い信頼を得ていた。また、奥州の武将との対応を見ると、秀吉の期待に沿う働きをしていたことがうかがえる。

天正18（1590）年の小田原征伐においても清六は活躍を見せる。小田原征伐は、秀吉にとって天下統一の総仕上げとなる大事な戦いである。秀吉は、奥羽の領主たちに小田原征伐に加わるよう働きかける。この時、秀吉の使者として奥羽を駆け巡ったのが奥羽の大名たちと親交のあった清六である。清六の働きもあり、南部をはじめ伊達、安東、秋田、佐竹、大浦（津軽）、最上、小野寺、戸沢が参陣し、清六は秀吉の期待に応えた。最終的に小田原攻めに加わった軍勢は20万にも上った。

秀吉は、自軍だけでも北条を倒せたはずである。それをあえて徳川家康、蒲生氏郷、細川忠興など有力武将を集め、20万以上の大軍勢をもって北条軍5万を圧倒しようとした。これは自分の強大な力を参加した武将たちに見せつけるとともに、対抗勢力の戦意を削ぐことで、戦の火種を未然に消そうとした秀吉の戦略だと考えられる。東北地方で勢力を拡大していた伊達政宗も、当初は秀吉の小田原征伐に加わることを渋っていたが、秀吉の圧倒的な軍勢を見て参陣している。

清六は秀吉ばかりか、甥の秀次との関係も築いていた。天正20（1592）年、関白秀次が京の南部邸に北奥の鷹を所望した際、受取役を果たしたのは清六であった。清六は秀次から知行を与えられており、近江八幡城の留守居役を務めたこともある。

文禄4（1595）年に秀次が切腹した秀次事件では、連座を免れている。一族の田中吉政と同じような処遇であったことからも、秀吉の厚い信頼を得ていたといえるだろう。

関ケ原の戦いでは家康を陰で支える

清六は、織田信長の鷹商として奥羽の諸大名との関係を築き、秀吉時代には、その関係をさらに発展させ影響力を拡大する。例えば、常陸《ひたち》松岡藩主、のちに出羽新庄藩の初代藩主となった戸沢政盛は知行600石を清六に与えている。また、南部氏は清六の功績に対して清六の長男である彦衛門に大迫地方を与えた。

清六は、日本3大商人の一つに数えられる近江商人、それも初期の豪商である。自身で千石船を数隻所有し、奥州の米や特産物などを貨幣に交換し、東北地方の大名の経済活動も支えていた。清六の船は、豊臣政権から北国の港で徴収される税を免除されるなど特権が与えられていた。豊臣政権下では大老家康や奉行衆からも免許状が与えられ、清六の商いは保護されていた。

家康も清六の奥羽人脈や交渉力を評価していた。秀吉が亡くなると、豊臣家内部に亀裂が生じる。奉行の石田三成を支持する一派と三成を排除しようとする一派、様子見の一派などに分かれたお家騒動に発展する。政権内で抜きんでた領地と力を持つ大老家康は、このお家騒動に乗じてさらに徳川家の影響力を拡大しようと図る。

こうして、豊臣家が割れて関ケ原の戦いへと突入していくことになるが、この頃から、大老家康が諸大名に送った書状の中に清六の名前がよく出てくる。例えば、会津の上杉景勝の動きを警戒した家康は、上杉領の隣国・出羽国の戸沢九郎五郎政盛に景勝の動静を監視させ、そのやり取りを清六が仲介していた。

上杉に謀反ありと断じた家康は上杉討伐に動く。山形城主最上義光を先鋒とし、南部利直、秋田実季、戸沢政盛らに出動を命じているが、この時も清六が家康の言葉を伝えている。しかし、上杉討伐に向かう途中、石田三成が兵を挙げた。三成挙兵の一報を受けた家康は、奥州の大名たちが自分の側に付くよう画策するが、この密命を受けて奥州を駆け回ったのも清六だったし、いざ、決戦となったら清六は家康が考えた陣立《じんだて》を諸大名に伝える役目も果たした。

家康は、関ケ原の戦いで石田三成が指揮した西軍を破り天下人へ上り詰めるわけだが、その陰には田中清六という稀有な豪商の存在があった。

佐渡金山の初代代官として金を増産

慶長5（1600）年、関ケ原の戦いに勝利を収めた徳川家康は、国内の統治を進める。家康側の東軍についた大名に領地を与え、敗れた西軍大名の改易や移封、領地縮小など徳川家が統治する体制づくりを急ぐ。併せて徳川家の財政基盤を強固なものにするため、全国の金山、銀山を直接支配しようとする。武器の製造による戦力強化、海外から最新式の武器や物資の調達のために金や銀が必要であった。金貨、銀貨、銭貨（主に銅貨）の三貨制度の確立のためにも鉱山の支配と開発は重要な課題の一つであった。

家康は、上杉家が治めていた佐渡金山（佐渡金銀山）も支配しようとする。当然、上杉の抵抗は必至。そこで家康は、清六を佐渡の代官に任じ、佐渡支配を推し進める。清六は慶長5（1600）年11月、検分のため越後寺泊（新潟県）に赴き、翌年には再度渡航し上杉家家臣で代官を務めていた河村彦左衛門を取り込むことに成功、無事に佐渡を徳川家の直轄地とした。

こうして佐渡金山は、田中清六と河村彦左衛門の2人が代官を務め、金銀の採掘に当たることとなった。清六は、採掘量を増やすために新しい採掘の仕組みを導入し、採掘量を劇的に増やすことに成功する。当時は、山主が1年単位で山を開発するのが一般的だったが、静六は採掘する期日を決め入札させる競争入札制度を採用。諸国から鉱山師を呼び寄せ間歩《まぶ》（坑区）ごとに運上金を入札させる競争原理を取り入れた。その結果、多くの間歩が開発され佐渡金山は世界有数の金銀の産出量を誇るようになる。まさにゴールドラッシュとなった佐渡には、各地から人が押し寄せ、生活物資が高騰するほど大変な賑わいを見せた。

ところが、慶長8（1603）年、代官だった吉田佐太郎と中川主税《ちから》が、清六の留守中に佐渡の農民に対して重税を課した。不満を抱いた農民が江戸に直訴したことから問題となり吉田佐太郎は切腹、中川主税は改易となった。直接関係がない田中清六と河村彦左衛門も責任を問われお役御免となり、清六は佐渡金山の経営から身を引いた。

代官を務めたのは2年程であったが、清六の政策によって莫大な金銀の採掘実績を上げ、徳川幕藩体制の経済的基盤づくりに大いに貢献したのである。

また、代官を務める傍ら、清六は敦賀《つるが》（福井県）に蔵屋敷を構え、北奥羽に派遣した持船を利用し金山御用の道具類を佐渡に輸送するなどして財を成す。

佐渡以外でも金山を開発した田中家

田中家が金山経営に携わったのは、佐渡金山だけではなかった。佐渡金山の代官を務める前、清六の長男である田中彦右衛門が南部利直から大迫城の城代に任じられ、大迫村に知行《ちぎょう》を得ている。南部氏は長きにわたる清六の功績を高く評価し、それに報いるために大迫村を与えたが、この時、大迫での産金の権利も与えたのだ。大迫村一帯は有数の産金地であったようで、これを開発したのが彦右衛門と甥の田中藤四郎といった田中一族だったと思われる。清六が佐渡金山の代官を務めたのは、大迫村での産金の実績を家康に見込まれたとも考えられる。

佐渡の代官を辞めた後の清六は、佐渡を離れ敦賀や京都を拠点に商いを広げていったようだ。北国の港で諸役免除の特権を与えられ、7隻ほど所有していた千石船を自在に走らせ流通機構の一翼を担っていたと思われる。彦右衛門も20年余治めた大迫村の領地を南部氏に返上し、蝦夷の松前氏や出羽新庄藩（山形県）、越後沢海藩《そうみはん》（新潟県）の蔵宿を務めるなど、豪商として商いを広げた。

慶長19（1614）年、田中清六は亡くなった。戸沢家ご用達を務めるなど奥羽の大名とも盛んに商いをする一方、時の天下人の政治的基盤を支えた豪商であった。江戸中期に大成した豪商も大名や権力者との関係を築いていたが、清六はそうした豪商たちとは異なる存在であったのではないかと考える。

住友家とも姻戚関係を築いた清六の子孫

清六（初代清六）の死後、その子孫はどのように家を継いでいこうとしたのか。詳しくは、『住友資料叢書』や『近世史小論集　古文書と共に』（藤井譲治著）の「住友家所蔵の田中清六関係文書」の項に詳しく書かれている。それらの資料によると、初代田中清六には3人の息子がいた。長男正繁（彦右衛門）、二男新九郎、そして三男宗親である。

長男正繁（彦右衛門）は2代目清六を襲名し商いを続ける。二男新九郎は、京都の扇師・曽谷啓次の娘と結婚し、曽谷家の家業を継いだ。曽谷家は元々、加賀にあり前田と称し後に曽谷と改める。京都の御用末広師で禁裏御用達（今日の宮内庁御用達）の家柄であった。曽谷家を相続した新九郎は姓を岡村と改め、自身も岡村甚左衛門景政と名乗るようになる。こうして田中家と岡村家は親戚関係となった。三男宗親は、清水寺宝性院僧都（僧都＝僧正に次ぐ地位）となり、『田中宗親書上』を記した。田中清六関係の事績を知る上で、貴重な資料である。

初代清六の跡を継いだ長男正繁には、長男九兵衛と二男彦兵衛がいた。九兵衛は清六を襲名、敦賀で商いを手掛け敦賀田中家の祖となった。敦賀田中家は、蝦夷松前氏や出羽新庄藩などとの商いを続けた。正繁の二男彦兵衛は京都に住まい京都田中家を継ぎ、清六の頃からご用達を務めた戸沢家などに出入りした。

しかし、京都田中家は、間もなく途絶えることになる。岡村家を相続した岡村甚左衛門景政（田中新九郎）の子治直に後継ぎがなかったため、住友家4代目当主友芳の弟である紀友が京都田中家へ養子に入り、田中家を継ぎ正以と改名した。住友家と田中家は親戚関係となる。その後、正以は、田中家の親戚である岡村家に入り、岡村家を相続し名を直寛に改めた。こうして田中家と住友家、岡村家は親戚関係を築いたというわけだが、住友家から京都田中家に養子として入った正以が岡村家を相続したため、京都田中家は途絶えることとなったようだ。直寛が継いだ岡村家は、その後、直亮、直伯と続く。

田中家へ養子に入った正以（紀友）の生家である住友家は、寛永年間に初代政友が京都に着物と薬店を出した「富士家」が始まりだとされる。政友には蘇我理右衛門という姉婿がいた。理右衛門は、南蛮人から粗銅に含まれる銀などを取り除く製錬技術「銅吹き」の原理を聞き、独自に研究し製錬技術の開発に成功した。

理右衛門は、この技術を独占することなく大阪の同業者に公開する。そのため、大阪は、銅精錬における中心的役割を果たすこととなった。

住友家が大きく繁栄する契機となったのは、元禄4（1691）年から始めた伊予の別子銅山開発であろう。別子銅山は日本3大銅山に数えられるほどの銅を生産し、住友家に莫大な富をもたらした。住友家は、銅山以外にも糸や薬などを扱う貿易商や両替商など多角化を進め、巨大財閥へと成長した。敗戦によって財閥解体の対象になったが、その後も様々な分野で事業を展開、日本を代表する企業グループである。

話を戻そう。

文化4(1807)年7月、今度は住友家8代目当主友端が風邪をこじらせて20歳の若さで亡くなった。そのため、親戚筋の岡村家を相続していた友聞《ともひろ》が8代目友端の養子として迎えられ、住友家9代目当主となった。友聞は妻とともに住友家に入った。友聞は、石清水八幡宮の社家今橋家から出ていたが、岡村家が母親の実家という関係で岡村家を継いだようだ。

清六の跡を継いだ田中家の人たちは、曽谷家や住友家などの豪商や有力者と関係を築いた。それができたのも、清六が残した功績のおかげであると思われる。

【コラム】

もうひとりの田中清六

―自費で道を拓くなど貧民救済に力を尽くした群馬の豪商―

前橋藩の御用達

幕末の前橋藩(現在の群馬県前橋市)八崎村にも当主が清六を名乗った田中家があった。商いで成功し、地域社会への貢献にも熱心に取り組むなど、土地の有力者として確固たる地盤を築いた家であった。この田中家は、3人の当主が清六を名乗ったが、なかでも幕末から明治にかけて当主を務めた2代目清六は、自費で道を造るなど地域に尽くした。

前橋藩は、江戸時代に入ると譜代大名の重鎮であった酒井家が慶長6(1601)年から治めるようになった。その後、寛延《かんえん》2(1749)年からは越前松平家が入部し、幕末まで徳川家と縁の深い領主がつないだ。八崎村は、村民の大半が農民であったが、村の中心部は旅宿や問屋、商店などが集まり町を形成していたようだ。

田中家が、この地に土着したのは戦国時代とされる。清六の時代まで、どのように家を発展させてきたのか。詳しい経緯は定かではないが、初代清六を名乗った紋治（文化11（1814）年5月没）の代には既に、前橋藩の御用達を務める豪商でもあったようだ。初代清六は、藩から名字御免の身分を与えられ、野廻役なる役職も得ていた。

このように、財力を持った商人や町人が名字帯刀を許されることは、全国で多くの事例を見ることができる。当時の江戸幕府や各藩は厳しい財政難から、富裕な豪商や豪農に資金提供を求めた見返りとして、名字や帯刀を許すことがあった。

藩に3500両超を提供

前橋藩も、天明の大飢饉（1782〜1788年）や天災の影響で、生産高が落ち込み藩の財政は非常に厳しい状況に追い込まれていた。それに、天保4（1833）年〜天保8（1837）年におきた「天保の大飢饉」などが追い打ちをかけた。藩は、「才覚」や「用達」の名目で資金等を融通させていた。

穀屋、酒屋、醤油屋、質屋などを手がけていた田中家も藩からの才覚や用達に応えた。田中清六の事跡をまとめた『田中清六伝』（今井善一郎著）によると、その額3560両以上にのぼったという。

田中家の分家も繁栄している。例えば、田中久米右エ門は、桝屋と称す大きな造り酒屋を開き繁盛した。また、文政11（1828）年に川通26ヶ村の大組合ができると、久米右エ門は大総代名主を務めている。

2代目清六を継いだ清治は文化7（1810）年5月10日、父紋治（初代清六）の二男として生まれた。長男丈治郎（條治）が家を継ぎ、清治は家を出て独力で身を立てようと大坂へ働きに出る。しかし、天保8（1837）年、清治28歳の折りに兄が若くして亡くなり、二男の清治が家督を継ぐことになる。

村の危機を救うために新道開発を請願

清治は父を補佐しながら、事業を拡げ田中家は栄えた。しかし、田中家の繁栄とは対照的に、度重なる天災などで村の農民はじめ地域の人々は困窮を極めた。清治が2代目清六を継いだのは、そうした天災の傷跡がまだ癒えない頃である。

村人の苦しみの原因は、天明や天保の大飢饉といった自然災害ばかりではなかった。「助郷《すけごう》」と呼ばれる、街道の宿場周辺の村に物資を運ぶ馬や人夫を出すことを義務付けた労働課役である。八崎村は、三国街道の脇街道にあたる。長雨などで利根川支流の吾妻川を渡れない時、人々は迂回して八崎村を通ることになるため、大名の通行時などは馬や人を出さなければならない。この助郷の負担が、村人の生活を苦しめていた。村では、多く餓死者が出て、土地と家を捨てて村を離れる者も続出し人口も半減した。地域の衰退は明らかだった。

田中家は、地域のまとめ役として人々の暮らしを支えてきた。２代目清六も積極的に地域復興のために力を尽くした。その最たるものが、「清六新道」と呼ばれた新道の開発である。八崎村の戸長であった清六と副戸長であった田中喜平は、明治６（１８７３）年６月、群馬県令河瀬秀治宛てに請願書を提出した。

請願書には、下箱田村、真壁村、八崎村を通る道が悪い。特に、真壁では霖雨《りんう》（幾日も続く長雨）の５月から８月は、道がぬかるんで牛や馬が進めず怪我をすることもあり、荷物の運搬に支障が出る。新道を切り開くことを他の村々とも相談したところ、反対するものもなかったため許可して欲しいという内容のものだ。

工事費の全額を負担

それまでの道は、下箱田村から八崎村まで氾濫を起こす利根川を迂回するように通っていたが、清六は、旧道に比べて3キロメートル以上も縮めた、しかも、平たんな道を造ろうとした。新道構想は助郷に苦しむ人たち、また、移動する人たちから大いに歓迎される事業であることは間違いなかった。そのため、6月29日には県からの許可が下りるという早さで工事が認められた。

　許可が下りると、清六は自ら工事場に出向き指揮をした。新道は山をくり抜き、崖を這うようにして切り拓いたことから、大変な難工事の連続であったようだが、翌明治7（1874）年10月に完成した。

　工事には2118円12銭9厘と莫大な費用がかかったが、清六は請願を出して経費を全額負担した。自費で道路をつくった場合、通行料などを徴収する例は珍しくなかった。当時の明治政府は経済的に苦しい状態にあったため、私費で道路を造った者が通行料を徴収することを認めていたのだ。実際、明治4（1871）年の太政官布告（第648号）では、地方長官の管轄のもと、民間人が道路やトンネル、橋をつくった場合、その報酬として一定期間の通行料の徴収を認めている。

自利利他を実践した人

　ところが、2代目清六は通行料を徴

収しなかった。すべてを田中家が負担したのである。清六が新道を開発した目的は、助郷などに苦しむ地域の負担を軽くすること以外に、大規模な土木工事を行うことで、人々に工賃を支払うことにもあったのではないだろうか。実際、困窮する村人や地域住人にとっては、命をつなぐための貴重な収入源となったはずだ。

こうした事業を「お助け工事」と呼んだ。「お助け普請」と言われるものと同じ意味合いであると思われる。天災などで困った民を救済するために、家や寺院の改修、道路や水路の建設などを地域の豪商などが私財を投じて行うものだ。2代目清六も窮民救済のために横井戸を掘ったり新たな工事に資金を提供するなど、様々な形で人々の仕事をつくり出していた。清六新道は、交通の利便性を高め人々の負担軽減に大いに貢献した。

昭和に入ると、佐久発電所の工事用道路として利用されたが、元来、利根川の断崖を拓いて通した道であるため、激しい川の流れや出水、洪水で道は削られ続け、ついに廃道となった。

明治に入ると2代目清六は、米穀取引を試みる。明治8（1875）年、社三川伊八と共に米市場会社を設立、社長に就任した。この会社は商社として発展し、田中家の財力はますます大きくなり、清六は東京の米相場に投資するようにもなった。

八崎村の田中家当主として地域の発展に貢献しながら、東京にも進出するなど実業家としても大きな足跡を残した清六であったが、明治14（1881）年4月に亡くなった。清六が残した事業は、3代目清六を継いだ政七など一族によって継承された。

仏教用語に「自利利他」という言葉がある。修業によって得た徳を自分が受け取るとともに、他者や社会の利益、いわゆる「公利」につながるよう努めるということであるが、2代目田中清六は、まさに自利利他の精神を実践し続けた人だといえるだろう。

わび茶を大成させ、天下人の茶頭を務めた茶聖

田中与四郎《たなかよしろう》（千利休《せんのりきゅう》）

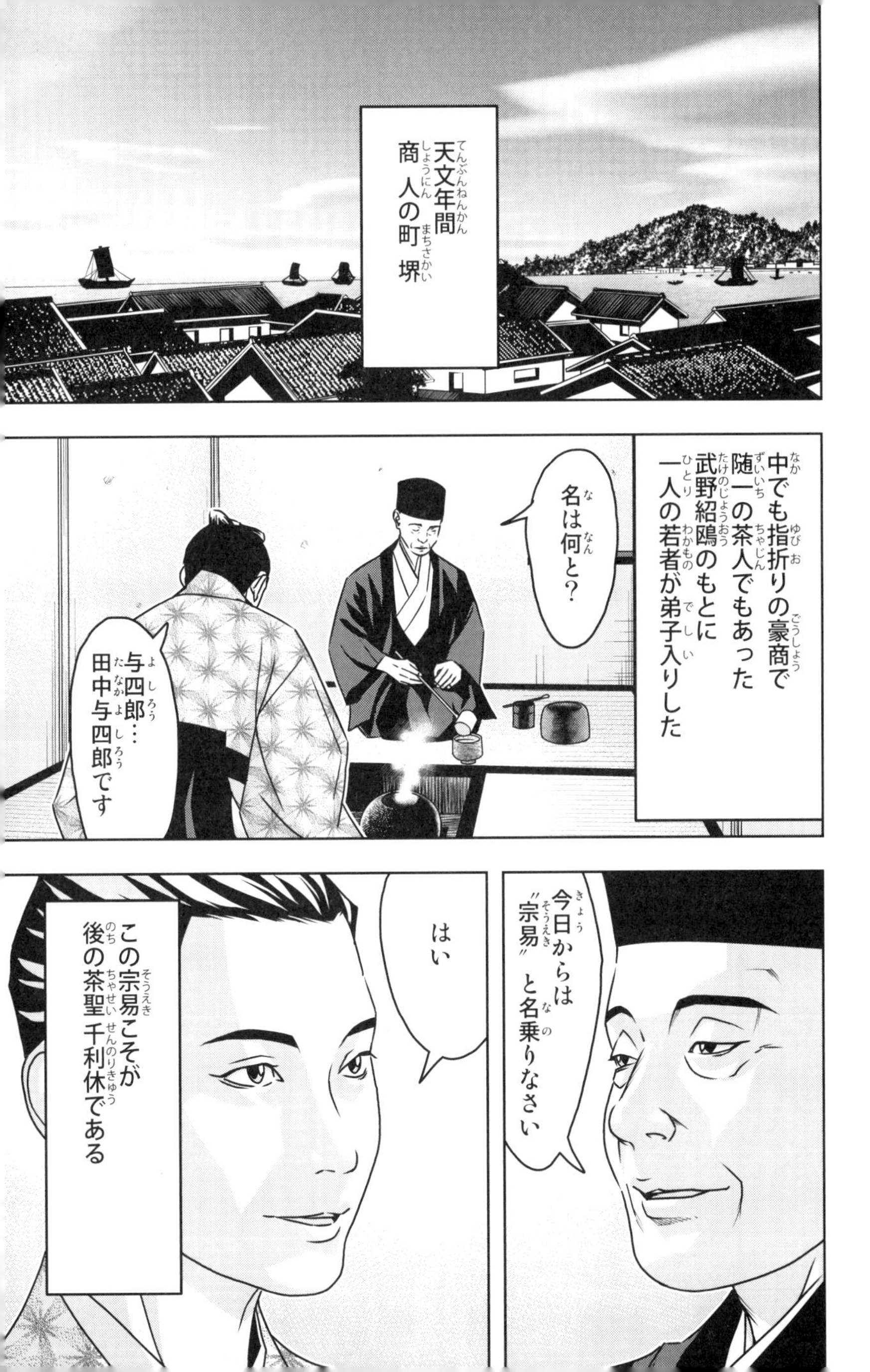

天文年間《てんぶんねんかん》
商人《しょうにん》の町《まち》 堺《さかい》
中《なか》でも指折《ゆびお》りの豪商《ごうしょう》で
随一《ずいいち》の茶人《ちゃじん》でもあった
武野紹鴎《たけのじょうおう》のもとに
一人《ひとり》の若者《わかもの》が弟子《で》入《し》り《い》した
名《な》は何《なん》と?
与四郎《よしろう》…
田中与四郎《たなかよしろう》です
今日《きょう》からは
〝宗易《そうえき》〟と名《な》乗《の》りなさい
はい
この宗易《そうえき》こそが
後《のち》の茶聖《ちゃせい》千利休《せんのりきゅう》である

後《のち》の利休《りきゅう》こと田中与四郎《たなかよしろう》は
大永《だいえい》2（1522）年《ねん》
堺《さかい》で納屋衆《なやしゅう》（貸倉庫業《かしそうこぎょう》）を営《いとな》む
商家《しょうか》に生《う》まれた
商家《しょうか》のたしなみとして
茶《ちゃ》を覚《おぼ》えるために17歳《さい》で
茶人北向道陳《ちゃじんきたむきどうちん》に弟子《でし》入り
道陳《どうちん》はすぐに与四郎《よしろう》の
才能《さいのう》を見抜《みぬ》き
与四郎《よしろう》の才《さい》 私《わたし》より
紹鷗先生《じょうおうせんせい》のもとで
修行《しゅぎょう》に励《はげ》むがよい
こうして
道陳《どうちん》の推薦《すいせん》で紹鷗《じょうおう》のもと
修行《しゅぎょう》することになった

病弱《びょうじゃく》な父親《ちちおや》に代《か》わって
稼業《かぎょう》を切《き》り盛《も》りしつつ
紹鷗《じょうおう》のもとに通《かよ》って
茶《ちゃ》の稽古《けいこ》
〝侘《わ》び茶《ちゃ》〟を追求《ついきゅう》するため
堺《さかい》の南宗寺《なんしゅうじ》に通《かよ》って
禅《ぜん》の修行《しゅぎょう》を重《かさ》ねた
自分《じぶん》を磨《みが》け！

宗易殿《そうえきどの》の茶会《ちゃかい》に招《まね》かれるのは名誉《めいよ》だと世間《せけん》では言《い》われております
まだまだでございます
宗易《そうえき》20代《だい》のころ"社交場《しゃこうば》"だった茶会《ちゃかい》をたびたび仕切《しき》り
茶人《ちゃじん》として 目利《めき》きとして堺《さかい》の顔役《かおやく》になっていった
しかし利休《りきゅう》が己《おのれ》を磨《みが》き続《つづ》けていたその頃《ころ》世《よ》はまだ戦国《せんごく》の中《なか》にあった
永禄《えいろく》11（1568）年《ねん》織田信長《おだのぶなが》が京《きょう》に入《はい》る

美濃《みの》の織田様《おださま》が上洛《じょうらく》?
堺《さかい》も穏《おだ》やかではいられませんね
利休《りきゅう》の弟子《でし》・山上宗二《やまのうえそうじ》
会合衆《えごうしゅう》も平穏《へいおん》ではいられまい
我々《われわれ》ができることはただひとつ……
矢銭《やせん》（軍資金《ぐんしきん》）を出《だ》せだと
信長《のぶなが》ごときに堺《さかい》の財産《ざいさん》を譲《ゆず》るなど!

わしらは
しょせん商人《しょうにん》
刃向《はむか》えば堺《さかい》は
火《ひ》の海《うみ》になる！
結局《けっきょく》は莫大《ばくだい》な矢銭《やせん》を献上《けんじょう》し
鉄砲《てっぽう》など武器調達《ぶきちょうたつ》の
便宜《べんぎ》も図《はか》ることになる
やがて信長《のぶなが》は
茶道具《さどうぐ》を買《か》い集《あつ》める
「名物狩《めいぶつが》り」を開始《かいし》
これが城《しろ》ひとつに
値《あたい》するとはな…
利休《りきゅう》は信長《のぶなが》に招《まね》かれ
対面《たいめん》することになった
お前《まえ》が宗易《そうえき》か
顔《かお》も目《め》も利《き》く男《おとこ》と
聞《き》いておる
滅相《めっそう》もございません
たかが茶人《ちゃじん》にございます

たかが茶人《ちゃじん》か気《き》に入《い》った！
わしは天下《てんか》を取《と》る！宗易《そうえき》は茶《ちゃ》で天下《てんか》を取《と》れ！
利休《りきゅう》はすぐに信長《のぶなが》の寵愛《ちょうあい》を受《う》けるようになった
この頃《ころ》妻《つま》を亡《な》くし二度目《にどめ》の結婚《けっこん》をする
後妻《ごさい》・宗恩《そうおん》

※茶頭《さどう》…貴人《きじん》や権力者《けんりょくしゃ》に仕《つか》え、茶事《ちゃじ》をつかさどった茶人《ちゃじん》

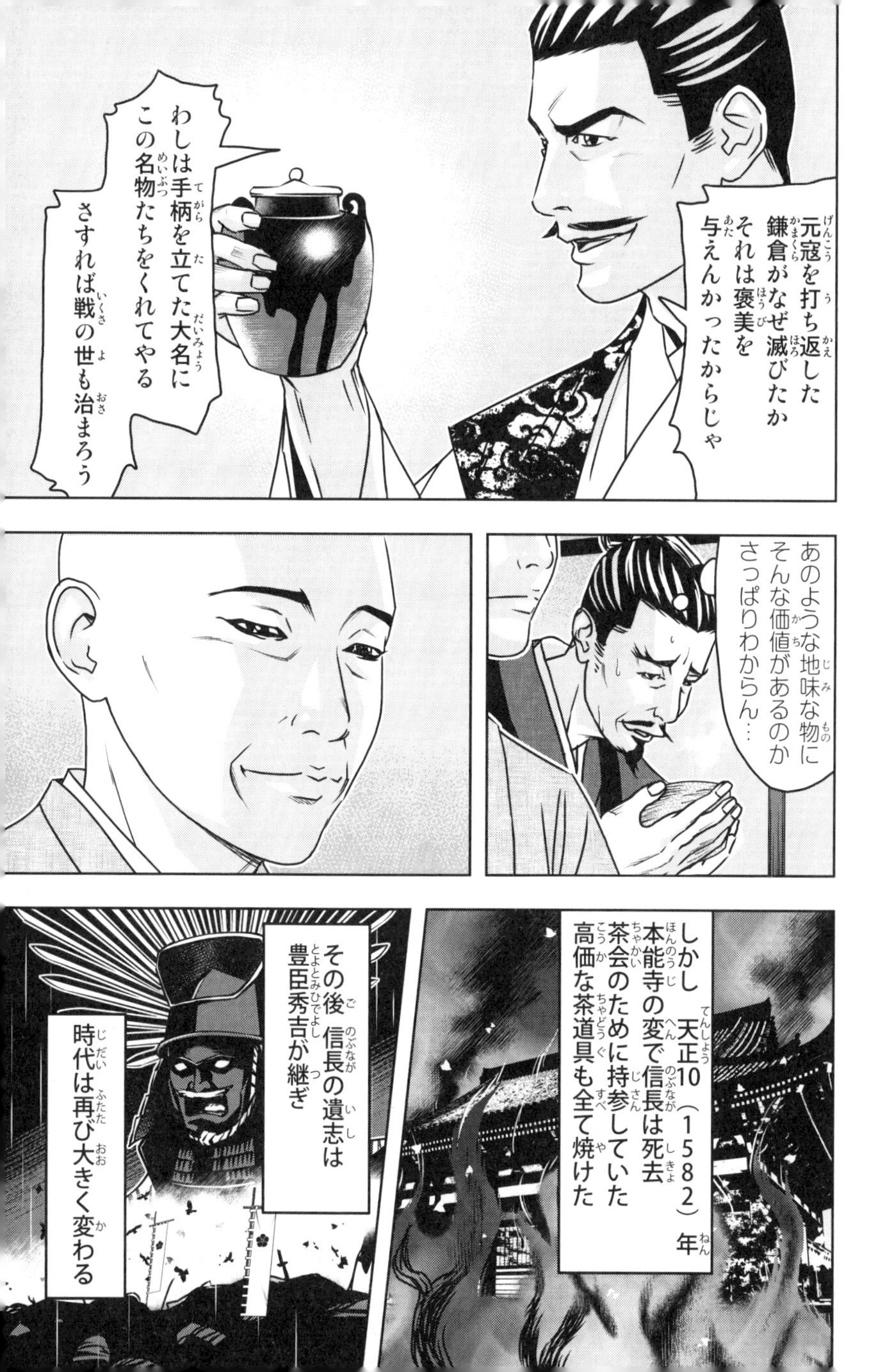
元寇《げんこう》を打《う》ち返《かえ》した
鎌倉《かまくら》がなぜ滅《ほろ》びたか
それは褒美《ほうび》を
与《あた》えんかったからじゃ
わしは手柄《てがら》を立《た》てた大名《だいみょう》に
この名物《めいぶつ》たちをくれてやる
さすれば戦《いくさ》の世《よ》も治《おさ》まろう
あのような地味《じみ》な物《もの》に
そんな価値《かち》があるのか
さっぱりわからん…
しかし 天正《てんしょう》10（1582）年《ねん》
本能寺《ほんのうじ》の変《へん》で信長《のぶなが》は死去《しきょ》
茶会《ちゃかい》のために持参《じさん》していた
高価《こうか》な茶道具《ちゃどうぐ》も全《すべ》て焼《や》けた
その後《ご》 信長《のぶなが》の遺志《いし》は
豊臣秀吉《とよとみひでよし》が継《つ》ぎ
時代《じだい》は再《ふたた》び大《おお》きく変《か》わる

光秀《みつひで》を討《う》ったはいいが 私《わたし》には信長様《のぶながさま》ほどの力《ちから》はない 宗易《そうえき》 力《ちから》を貸《か》してくれ！
お役《やく》に立《た》てますのなら
お主《ぬし》もワシも 武士の出ではない だから本音《ほんね》を話《はな》すが
は～っ
名物《めいぶつ》の茶道具《さどうぐ》は 本能寺《ほんのうじ》で全《すべ》て 灰《はい》になった今 どう世《よ》を 統治《とうち》すればよいのか わからんのじゃ
単純《たんじゅん》なことでございます
壊《こわ》れてしまえば 新《あたら》しく作《つく》れば よろしいのです
作《つく》る…？

利休《りきゅう》は　秀吉《ひでよし》のもとで
才能《さいのう》を発揮《はっき》した
素朴《そぼく》な美《び》を持《も》つ
茶道具《さどうぐ》を次々《つぎつぎ》に考案《こうあん》し
竹花入《たけはないれ》
今焼茶碗《いまやきぢゃわん》（後《のち》の楽焼《らくやき》）などの
名品《めいひん》を生《う》み出《だ》した

さらに
二畳間《にじょうま》の茶室《ちゃしつ》を設計《せっけい》
絢爛豪華《けんらんごうか》な価値観《かちかん》と
対極《たいきょく》した中《なか》の美《び》を
追求《ついきゅう》した利休《りきゅう》の茶室《ちゃしつ》は
世《よ》の茶人《ちゃじん》たちの度肝《どぎも》を抜《ぬ》いた

これらの革命《かくめい》は
新《あたら》しい時代《じだい》の到来《とうらい》を告《つ》げると共《とも》に
秀吉《ひでよし》の政道《せいどう》にも大《おお》きな影響《えいきょう》を及《およ》ぼし
秀長《ひでなが》から
「内々《ないない》の儀《ぎ》（私的《してき》な相談事《そうだんごと》）は宗易《そうえき》に」
と言《い》われるほどの信頼《しんらい》を得《え》た

宗易《そうえき》 禁中《きんちゅう》※で
茶会《ちゃかい》を開《ひら》くぞ！
茶道具《さどうぐ》を揃《そろ》えろ！
後世《こうせい》にまで語《かた》り継《つ》がれる
茶会《ちゃかい》にするのだ！

※禁中：天皇の御所。宮中。

かしこまりました
茶《ちゃ》をわかっておらぬ
秀吉様《ひでよしさま》が茶会《ちゃかい》など…
宗二《そうじ》 言葉《ことば》に気《き》をつけなさい
その後《ご》も弟子《でし》の宗二《そうじ》は
秀吉《ひでよし》と折《お》り合《あ》いが悪《わる》く
わしを見下《みくだ》しておる
お前《まえ》なぞ顔《かお》も
見《み》とうないわ！
遂《つい》に秀吉《ひでよし》の怒《いか》りを買《か》い
追放《ついほう》の処分《しょぶん》を受《う》けた

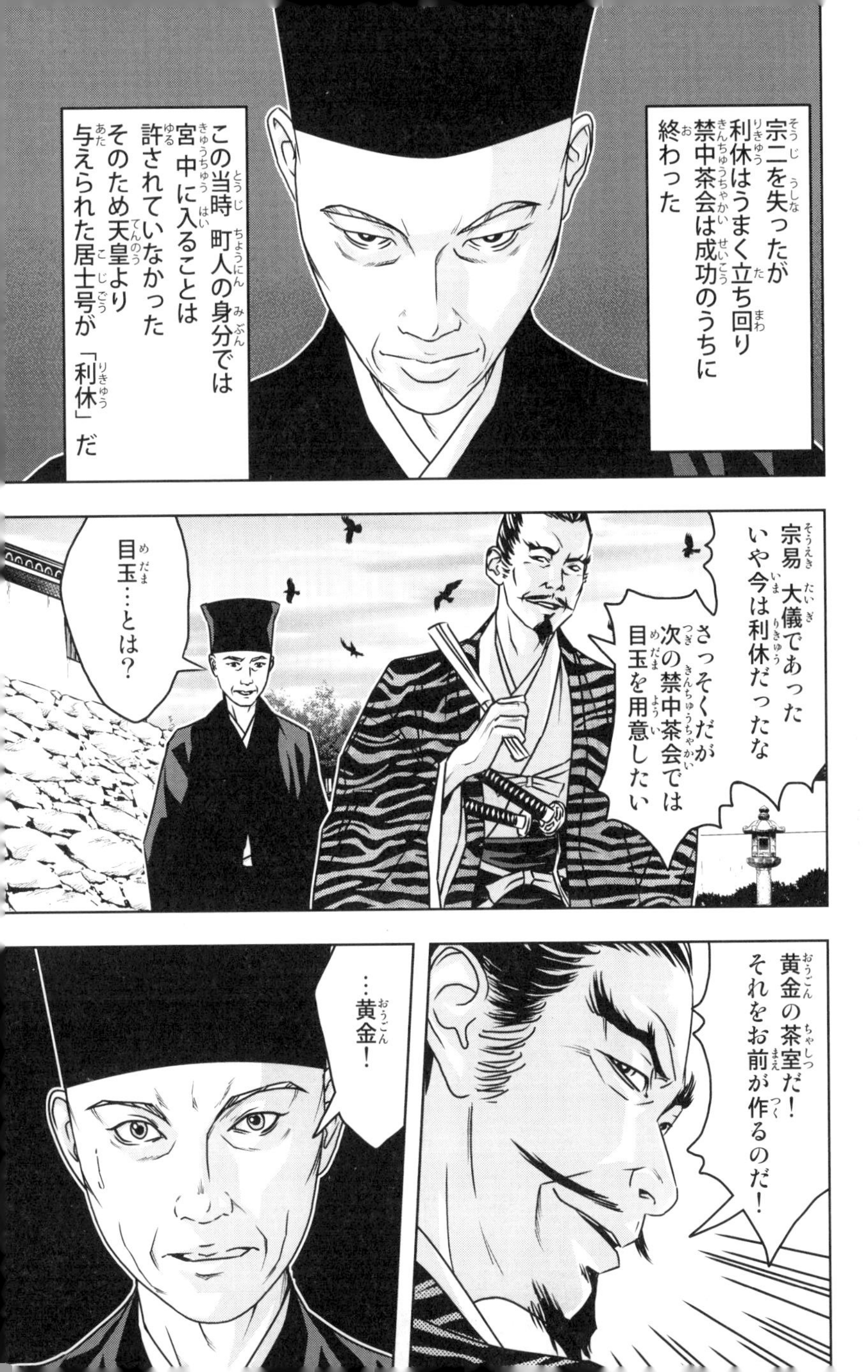
宗二《そうじ》を失《うしな》ったが
利休《りきゅう》はうまく立《た》ち回《まわ》り
禁中茶会《きんちゅうちゃかい》は成功《せいこう》のうちに
終《お》わった
この当時《とうじ》 町人《ちょうにん》の身分《みぶん》では
宮中《きゅうちゅう》に入《はい》ることは
許《ゆる》されていなかった
そのため天皇《てんのう》より
与《あた》えられた居士号《こじごう》が「利休《りきゅう》」だ
宗易《そうえき》 大儀《たいぎ》であった
いや今《いま》は利休《りきゅう》だったな
さっそくだが
次《つぎ》の禁中茶会《きんちゅうちゃかい》では
目玉《めだま》を用意《ようい》したい
目玉《めだま》…とは？
黄金《おうごん》の茶室《ちゃしつ》だ！
それをお前《まえ》が作《つく》るのだ！
…黄金《おうごん》！

利休《りきゅう》は
秀吉《ひでよし》の要望《ようぼう》に従《したが》いつつ
自《みずか》らの美意識《びいしき》も注《そそ》いで
「黄金《おうごん》の茶室《ちゃしつ》」を設計《せっけい》
もう少《すこ》し光《ひかり》を入《い》れた方《ほう》が
金《きん》が映《は》えるのではないか
いえ これで
十分《じゅうぶん》でございます
…まあ良《よ》い
茶会《ちゃかい》のことは頼《たの》むぞ
組《く》み立《た》て式《しき》の黄金茶室《おうごんちゃしつ》は
大《おお》きな話題《わだい》となり
政道《せいどう》としての秀吉《ひでよし》
茶道《さどう》としての利休《りきゅう》の地位《ちい》を
不動《ふどう》のものとした

次《つぎ》は天下一《てんかいち》の大茶会《だいちゃかい》をやるぞ！
舞台《ぶたい》は北野天満宮《きたのてんまんぐう》 茶頭《さどう》は勿論《もちろん》利休《りきゅう》 お前《まえ》だ！
茶《ちゃ》を分《わ》かっておらぬ 秀吉様《ひでよしさま》が茶会《ちゃかい》など
〝北野大茶湯《きたのおおちゃのゆ》〟は 身分《みぶん》を問《と》わず 参加《さんか》できるという 前代未聞《ぜんだいみもん》の大規模《だいきぼ》な茶会《ちゃかい》だった
同時《どうじ》に 参加《さんか》しない者《もの》は 今後《こんご》茶《ちゃ》の湯《ゆ》を行《おこな》っては ならないという 規則《きそく》も設《もう》けられていた
世《よ》は正《まさ》に茶番《ちゃばん》よのう ワシとお主《ぬし》がいれば 信長様《のぶながさま》も実現《じつげん》できなかった 大陸《たいりく》の王《おう》も夢《ゆめ》ではない
つまり 秀吉《ひでよし》が天下《てんか》に 権勢《けんせい》を示《しめ》すための 催《もよお》しだったのである

北野大茶湯《きたのおおちゃのゆ》の成功《せいこう》を経《へ》て
利休《りきゅう》も名実《めいじつ》ともに
大茶人《だいちゃじん》となり
若《わか》い頃《ころ》に修行《しゅぎょう》を積《つ》んだ
南宗寺《なんしゅうじ》の本山《ほんざん》である大徳寺《だいとくじ》に
山門修復費《さんもんしゅうふくひ》を寄進《きしん》
その山門《さんもん》には
利休《りきゅう》の木像《もくぞう》が設置《せっち》された
これは見事《みごと》な…
生《い》き写《うつ》しで
ございましょう
もったいないことです
いやいや
当寺《とうじ》の冥利《みょうり》でございます

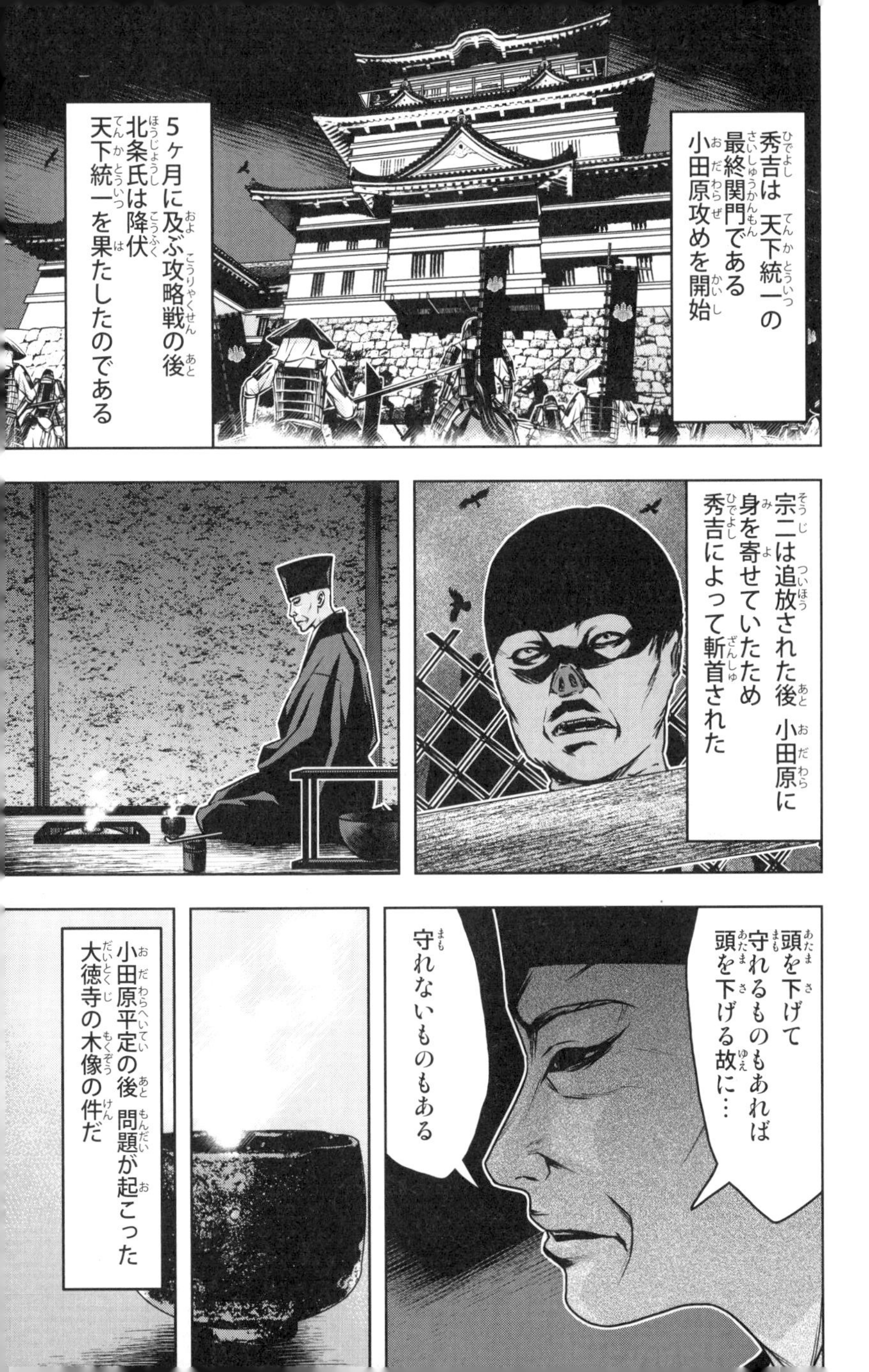
秀吉《ひでよし》は　天下統一《てんかとういつ》の
最終関門《さいしゅうかんもん》である
小田原《おだわら》攻めを開始《かいし》
5ヶ月に及《およ》ぶ攻略戦《こうりゃくせん》の後《あと》
北条氏《ほうじょうし》は降伏《こうふく》
天下統一《てんかとういつ》を果《は》たしたのである
宗二《そうじ》は追放《ついほう》された後《あと》　小田原《おだわら》に
身《み》を寄《よ》せていたため
秀吉《ひでよし》によって斬首《ざんしゅ》された
頭《あたま》を下《さ》げて
守《まも》れるものもあれば
頭《あたま》を下《さ》げる故《ゆえ》に…
守《まも》れないものもある
小田原平定《おだわらへいてい》の後《あと》　問題《もんだい》が起《お》こった
大徳寺《だいとくじ》の木像《もくぞう》の件《けん》だ

利休《りきゅう》めは増長《ぞうちょう》しております あのような像《ぞう》を作《つく》らせるとは！
上様《うえさま》が参詣《さんけい》する際《さい》には 利休《りきゅう》の足《あし》をくぐることに！
うむ 確《たし》かに
さらには 茶道具《さどうぐ》の値《ね》を釣《つ》り上《あ》げ 私腹《しふく》を肥《こ》やしているとも 聞《き》いております
なんと
利休《りきゅう》め つけあがりおって！
木像《もくぞう》は秀吉《ひでよし》の命令《めいれい》で撤去《てっきょ》 京都《きょうと》の市中《しちゅう》で はりつけにされ 利休《りきゅう》は堺《さかい》へ追放《ついほう》された
利休《りきゅう》 私《わたし》に詫《わ》びるのだ！ 一言《ひとこと》詫《わ》びれば許《ゆる》す！
詫《わ》びぬなら切腹《せっぷく》じゃ
秀吉《ひでよし》は 70歳《さい》を過《す》ぎ老境《ろうきょう》にあった 利休《りきゅう》に切腹《せっぷく》を命《めい》じた

利休様《りきゅうさま》 ここで詫《わ》びなければお命《いのち》が！
いいえ もうよろしいのです そんなことより…
お茶《ちゃ》を一服《いっぷく》いかがですか
天正《てんしょう》19（1591）年《ねん》利休《りきゅう》は秀吉《ひでよし》の命《めい》に従《したが》いその生涯《しょうがい》を終《お》えた

田中与四郎《たなかよしろう》として生《う》まれ
千利休《せんのりきゅう》として死《し》んだ茶人《ちゃじん》
茶《ちゃ》の湯《ゆ》の道《みち》は後妻《ごさい》の子《こ》である
小庵《しょうあん》が受《う》け継《つ》ぎ
小庵《しょうあん》の息子《むすこ》宗旦《そうたん》を経《へ》て
現在《げんざい》の表千家《おもてせんけ》　裏千家《うらせんけ》　武者小路千家《むしゃのこうじせんけ》の
「三千家《さんせんけ》」へ脈々《みゃくみゃく》と受《う》け継《つ》がれた

秀吉《ひでよし》は晩年《ばんねん》
利休《りきゅう》への仕打《しう》ちを
後悔《こうかい》するかのように
利休《りきゅう》と同《おな》じ作法《さほう》で
食事《しょくじ》をとったり
利休《りきゅう》が好《この》む枯《か》れた
茶室《ちゃしつ》を建《た》てさせたという

「茶《ちゃ》の湯《ゆ》とは
ただ湯《ゆ》をわかし茶《ちゃ》を点《た》てて
のむばかりなることと知《し》るべし」
千利休《せんのりきゅう》

わび茶を大成させ、天下人の茶頭を務めた茶聖
田《た》中《なか》与《よ》四《し》郎《ろう》（千《せんの》利《り》休《きゅう》）

堺の豪商田中家　祖父は足利将軍の同朋衆

田中氏の中には、茶の湯に秀でた者もいた。わび茶を完成させ、「茶聖」と称される千利休《せんのりきゅう》である。幼名を田中与四郎（與四郎）といった。「利休」の名は、天正13（1585）年、豊臣秀吉が関白職を賜わった返礼として開いた禁中茶会にて正親町天皇《おおぎまちてんのう》から与えられたものである。

茶の湯の世界に入る

千家はもともと、田中を称していた。与四郎は、大永《だいえい》2（1522）年、和泉国堺で商家「魚屋《ととや》」を営む田中与兵衛の子として生まれる。江戸時代に書かれた『千利休由緒書』によると、利休の祖父は田中千阿弥《せんなみ》といい、室町幕府8代将軍・足利義政の同朋衆《どうぼうしゅう》を務めていたが、応仁の乱で堺に逃れてきた。同朋衆とは、芸能などに優れた人を指す。千家という家名の由来は、与兵衛が父千阿弥から「千」の一字を取って家名としたというから、千を名乗り始めたのは父の代からになる。

与兵衛は、魚問屋をはじめ己の才覚で商いを大きくし、堺の自治組織「会合衆《えごうしゅう》」の中でも有力者と目される豪商であった。与四郎は、父から堺の家屋敷と貸地代、和泉の土地のほかに、塩魚を扱う座の権利や年貢米等の輸送や保管にあたる権利である「問丸《といまる》」などを相続している。

堺は、貿易港として、また他の都市への物資の供給基地として、大いに繁栄していた。古くから堺で商いを営む大店《おおだな》だけでなく、発展著しい堺での成功を目指して多くの人が集まり活気に満ちていた。人が集まり経済的に発展するなか、茶の湯や能楽、連歌といった文化が花開き、さらには外国文化も入り混じる独自の都市を形成していた。経済的にも大いに栄えていただけに、文化を醸成する土壌は十分にあったと思われる。堺は、その財力を背景に大名など権力者の傘下に入ることなく、町人たちの代表である会合衆《えごうしゅう》で運営する自治都市だった。

与四郎は17歳で茶商の北向道陳《きたむきどうちん》に師事し茶の湯に入る。19歳になると道陳の紹介で村田珠光《むらたじゅこう》の茶法を継ぐ武野《たけの》紹鷗《じょうおう》に師事し、本格的な修行に入る。与四郎はこのころから宗易《そうえき》という名を使用するようになる。

30歳を過ぎた宗易は、茶人としての頭角をあらわし、「わび茶」を完成させる。わび茶は、村田珠光からはじまり、武野紹鷗らが発展させ、利休が完成させたと考えられている。わび茶は、それまでの茶の湯とはどのようなところが違ったのか。

それまでの茶の湯は、広い茶室に高価な調度品を飾るなど贅をつくした豪華なものだった。一方、わび茶は狭い部屋に「わび、さび」の世界観を取り入れた独創的なものである。

茶の湯では部屋の広さが4畳半以上を広間、それより小さいものを小間と呼ぶ。広間には床と棚を設けて水指《みずさし》や茶器などを飾るが、小間は床以外での飾りはない。小間は、いわゆるわび茶の世界を表すとされる。利休の師匠である武野紹鷗の茶室は4畳半の小間であったが、利休は上下皆3畳、2畳半、2畳、1畳半とせばめ、わび茶の精神性を高めようとしていたと思われる。

道具でも、自分で考案した器具をつくらせるなど、独自の世界を創り上げた。豪華さとは対極にある簡素簡略による無駄を省いたわび茶の精神は、武将たちに好まれた。

宗易は、茶の湯を通じて様々な人物との人脈を築くようになるが、そのなかには、室町幕府に大きな影響力を持ち堺の自治を支えていた三好氏もいた。

信長の茶頭《さどう》を務める

堺は町人が自分たちで町を運営する自治組織「会合衆」を持っていた。貿易によって莫大な富が堺にもたらされる地の利を有していたからでもある。多くの権力者が堺を支配下に置こうと企てるが、その都度、会合衆はそれを拒んできた。

しかし、天下統一を目指す織田信長が堺を支配することとなる。信長は、足利義昭を奉じて戦乱で荒廃した京に入り、義昭を室町幕府15代将軍につけた。将軍を補佐し急速に力を付ける信長は、さらに勢力拡大と影響力を高めるために武器や軍資金を必要としていた。南蛮貿易などで人や物があふれ、活気に満ちた堺の繁栄を目の当たりにした信長は、それまでの有力者と同じように堺を支配下に置こうと考える。

永禄12（1569）年、信長は堺に対し軍資金を要求する。その額、2万貫。堺の町衆は当然、この要求を拒否した。しかし、翌年、それまで後ろ盾となっていた三好三人衆が信長に敗れたため、信長の要求に従わざるを得なくなる。こうして、信長は力で独立都市堺を支配下に置いた。信長にとって、堺は莫大な富に加えて鉄砲や火薬を輸入するための貿易拠点としても重要な存在であった。

信長による堺の支配がはじまったが、この段階で町の有力者が皆、信長に従ったわけではなかった。宗易もその一人である。宗易は、信長に敗れた三好氏の御用商人として財を成していたし、反信長勢力が健在で信長包囲網を敷いていたこともあり、情勢を見極めようと中立の立場をとる。しかし、反信長勢力が頼みにした武田信玄の死を機に信長包囲網が崩れると状況が変わった。

時の利が信長にあると考えた宗易は、親交のあった堺の豪商今井宗久《そうきゅう》に説得されたこともあり信長と会う。宗久は、当初から信長を支持していたことから、信長から特権を与えられるなど信頼されていた。宗易が、宗久の推薦で安土城に召し出され茶を点てると、信長は宗易を気に入る。それを機に、宗易は信長の茶の湯に出席するようになり、ついには信長の茶事を取り仕切る茶頭を務めるまでになった。

宗易は、茶の湯を指導したり茶道具を鑑定したりする茶人であると同時に、有力な堺商人でもあった。信長との関係が強固になったのは、茶人としての才能は当然ながら、宗易が提供する情報や経済的な協力が信長の信頼を得る要因になっていたとも考えられる。天正3（1575）年、信長は越前一向一揆を征伐するが、宗易はこの戦いに際して鉄砲の玉1000発を信長に送っている。さらに、堺の町年寄たちを信長傘下に引き入れる役割も担っていたようだ。

茶の湯は武将の嗜みとして流行っていたこともあり、宗易は信長の茶頭として多くの武将と関係を築いていく。戦国大名の中には宗易の弟子になった者も多く、次第に政治的な影響力を持つようになった。

秀吉の側近

織田信長が本能寺の変で亡くなると、秀吉がその跡を継いで天下統一を果たす。信長の茶頭であった宗易は、秀吉の代になっても側近として重用された。

天正13（1585）年3月8日、秀吉が京都紫野の大徳寺で150人余の大茶会を催すと、ここで宗易は茶を点てている。秀吉は2年後の天正15（1587）年にも京都北野天満宮境内で大茶会を催しているが、宗易はこの時も今井宗久、津田宗及とともに茶頭として茶を供した。

同年（1585）7月11日、正親町《おおぎまち》天皇から秀吉に関白任官の詔《みことのり》が出され、秀吉は天皇に次ぐ位に就いた。そこで10月7日、秀吉はお礼の茶会を開く。いわゆる「禁中茶会」である。この時、宗易は正親町天皇から「利休」の名を与えられる。この茶会で天皇に茶を献じたことで、利休は茶湯の第一人者としての地位を得たといえる。時に64歳であった。秀吉の依頼で黄金の茶室を設計したのはこの年である。

秀吉の側にはいつも利休がいた。九州平定や小田原征伐にも従軍し茶を点てた。次第に利休は関白の側近として、影響力を持つようになる。当時の利休に対する豊臣政権内での立場を象徴する話が残っている。

天正14（1586）年4月、豊後（大分）から大友宗麟が大坂城に秀吉を訪ねた。大友と敵対する薩摩の島津が九州を支配する勢いを見せていたことから、宗麟が秀吉に助けを求めたのだ。

この時、宗麟は天正11（1583）年から築城を始めた大坂城の壮大さを目の当たりにする。歓待を受けて城を出ようとする宗麟を秀吉の弟秀長が、わざわざ見送りにきた。その際に秀長は、「内々のことについては宗易（利休）、公のことは私（秀長）が受け持っている。悪いようにはせぬ」と語り、これを聞いた宗麟は、「秀長と宗易とは親密にしなければならない」という内容の手紙を国元の家老に送っている。秀長からも信頼を得るなど、利休が当時の豊臣政権内において重要な地位にあったことが伝わってくる。

突然の死

しかし、利休の栄華もそう長くは続かなかった。よき理解者であった秀長が天正19（1591）年1月22日、郡山城内で病死する。すると、翌2月28日に利休は秀吉から切腹を命じられる。利休が秀吉から切腹を命じられた理由については諸説あるが、有名なものとしては、大徳寺山門（金毛閣）改修にまつわる話がある。大徳寺は千家（田中家）の菩提寺である。天正17（1589）年、利休は私財を投じて二層の山門の造営を行い、その年の暮れに完成した。この時、山門楼上に等身大の利休像が置かれた。この木像は利休への謝意として寺側が造ったものである。しかし、山門の完成から1年程経った天正19（1591）年、この利休像が問題となった。秀吉が山門をくぐる際、必ず利休像の下を通ることになる。これが、秀吉に対する不敬であると追及されたのだ。利休自身が造らせ、設置を指示したわけではないが、秀吉に対する無礼を指摘されたのである。他にも、政権内で利休の存在をこころよく思わない政敵による仕業ではないかとする説もある。

大名たちの中には利休の弟子も多く、利休が蟄居《ちっきょ》を命じられた際も許しを得られるよう秀吉に働きかけている。しかし、利休の切腹を止めることはできなかった。権勢を誇った茶頭の突然の死であった。享年70。

利休が処刑されたことによって、千家は離散してしまう。長男の道安は、飛騨高山城主金森長近《かなもりながちか》や阿波の蜂須賀家政を頼ったという説がある。養子少庵は、会津若松の蒲生氏郷《がもううじさと》を頼ったといわれる。これらの武将たちは、利休に茶湯の教えを受けた者たちだった。

道安や少庵の赦免《しゃめん》を求める機運は大名たちの間にも広がっていた。徳川家康、前田利家も秀吉に赦免するよう進言している。秀吉も重臣たちの進言を受け入れ、道安、少庵を赦免した。自分が利休に切腹を命じた都合上、道安、少庵らを許すきっかけがなかったところに、重臣たちからの進言があったことから秀吉も面目を保ちながら千家を許すことができたのであろう。道安は、秀吉の茶頭となったようであるし、少庵は千家の家督を継いで、家の再興を果たすことができた。

利休はわび茶を完成させ、天下人となった信長、秀吉の茶頭として頂点に上り詰めた。一方で、自分の教えを受け継ぐ多くの弟子を育てたことは、後世への大きな功績であるといえる。なかでも、「利休七哲」とよばれる弟子たちは、利休の茶湯を継承し広めた。七哲とは、蒲生氏郷、高山右近、細川忠興（三斎）、芝山宗綱《しばやまむねつな》（監物）、瀬田正忠（掃部）、牧村利貞（兵部）、古田重然《しげなり》（織部）といった武将たちだ。なかでも、古田重然は、豊臣政権下では茶頭を務め、徳川時代には徳川秀忠に茶湯を指南している。織部流の祖として大勢の門人を抱えるほどの茶人となった。

雄藩・会津の基礎をつくった天下の名家老

田中正玄《たなかまさはる》

元和《げんな》3（1617）年《ねん》
信濃国高遠藩《しなののくにたかとおはん》——
藩主《はんしゅ》 保科正光《ほしなまさみつ》のもとに
徳川家光《とくがわいえみつ》の異母弟《いぼてい》
幸松《こうまつ》が養子《ようし》に入《はい》った
宜《よろ》しく
お願《ねが》い申《もう》し上《あ》げます
幸松《こうまつ》は 後《のち》に会津藩主《あいづはんしゅ》となり
徳川家光《とくがわいえみつ》 家綱《いえつな》に仕《つか》え
幕府《ばくふ》の重鎮《じゅうちん》としても活躍《かつやく》した
保科正之《ほしなまさゆき》である
稀代《きたい》の名君《めいくん》と呼《よ》ばれた
保科正之《ほしなまさゆき》だが その功績《こうせき》を支《ささ》えた
会津藩家老《あいづはんかろう》 田中正玄《たなかまさはる》のことは
あまり知《し》られていない
佐渡奉行《さどぶぎょう》を務《つと》めた田中清六《たなかせいろく》の
血《ち》を引《ひ》くともいわれる
この田中正玄《たなかまさはる》こそが
藩主《はんしゅ》と共《とも》に会津《あいづ》の地《ち》に〝会津魂《あいづだましい》〟を
根付《ねづ》かせた立役者《たてやくしゃ》なのである

誰《だれ》か！剣戟《けんげき》の稽古《けいこ》の相手《あいて》をせよ！
幸松《こうまつ》
のちの保科正之《ほしなまさゆき》
誰《だれ》もおらぬのか！
では私《わたし》が
そち 名《な》を何《なん》と申《もう》す？
田中右京《たなかうきょう》でございます！
若様《わかさま》とはいえ手加減《てかげん》はいたしませぬぞ
田中右京《たなかうきょう》
のちの田中正玄《たなかまさはる》
おのれ生意気《なまいき》を言《い》いおって！

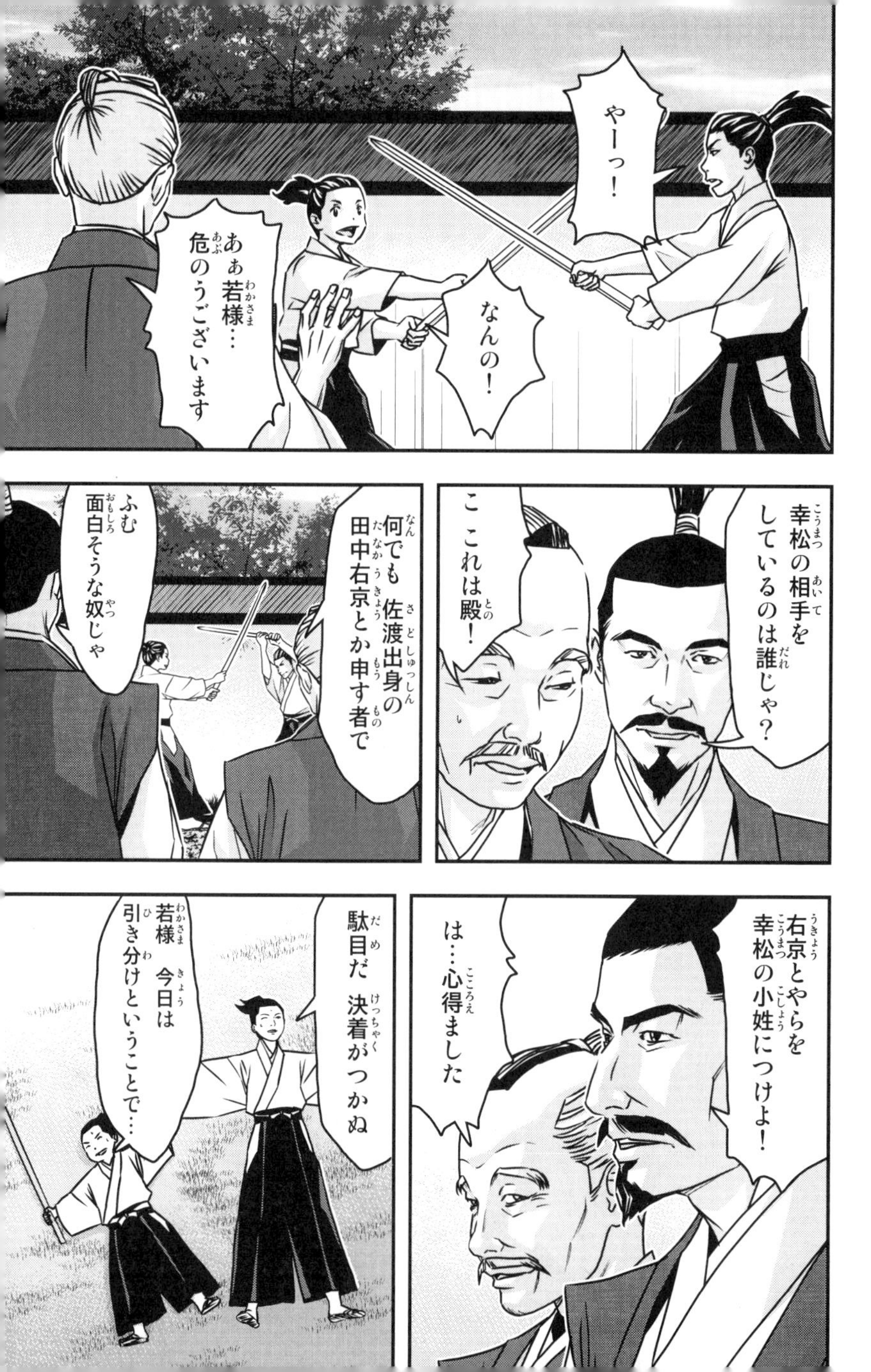
やーっ！
なんの！
あぁ若様《わかさま》…危《あぶ》のうございます
幸松《こうまつ》の相手《あいて》をしているのは誰《だれ》じゃ？
こ これは殿《との》！
何《なん》でも 佐渡出身《さどしゅっしん》の田中右京《たなかうきょう》とか申《もう》す者《もの》で
ふむ 面白《おもしろ》そうな奴《やつ》じゃ
右京《うきょう》とやらを幸松《こうまつ》の小姓《こしょう》につけよ！
は…心得《こころえ》ました
駄目《だめ》だ 決着《けっちゃく》がつかぬ
若様《わかさま》 今日《きょう》は引《ひ》き分《わ》けということで…

田中右京《たなかうきょう》は 佐渡奉行《さどぶぎょう》 田中清六《たなかせいろく》ゆかりの 佐渡《さど》の地《ち》で生《う》まれた
縁あって 高遠藩《たかとおはん》に仕《つか》えることになり
藩主《はんしゅ》 保科正光《ほしなまさみつ》に素養《そよう》を見抜《みぬ》かれ 幸松《こうまつ》お墨付《すみつ》きの小姓《こしょう》に抜擢《ばってき》 後《のち》に「正玄《まさはる》」を名乗《なの》ることになる
右京《うきょう》！ 右京《うきょう》はどこだ！
はい！ こちらにございます！
おお右京《うきょう》 今《いま》から遠乗《とおの》りに行《い》くぞ！ 支度《したく》せい
二人《ふたり》は主従《しゅじゅう》を超《こ》えて 兄弟《きょうだい》のような絆《きずな》で 結《むす》ばれるようになった

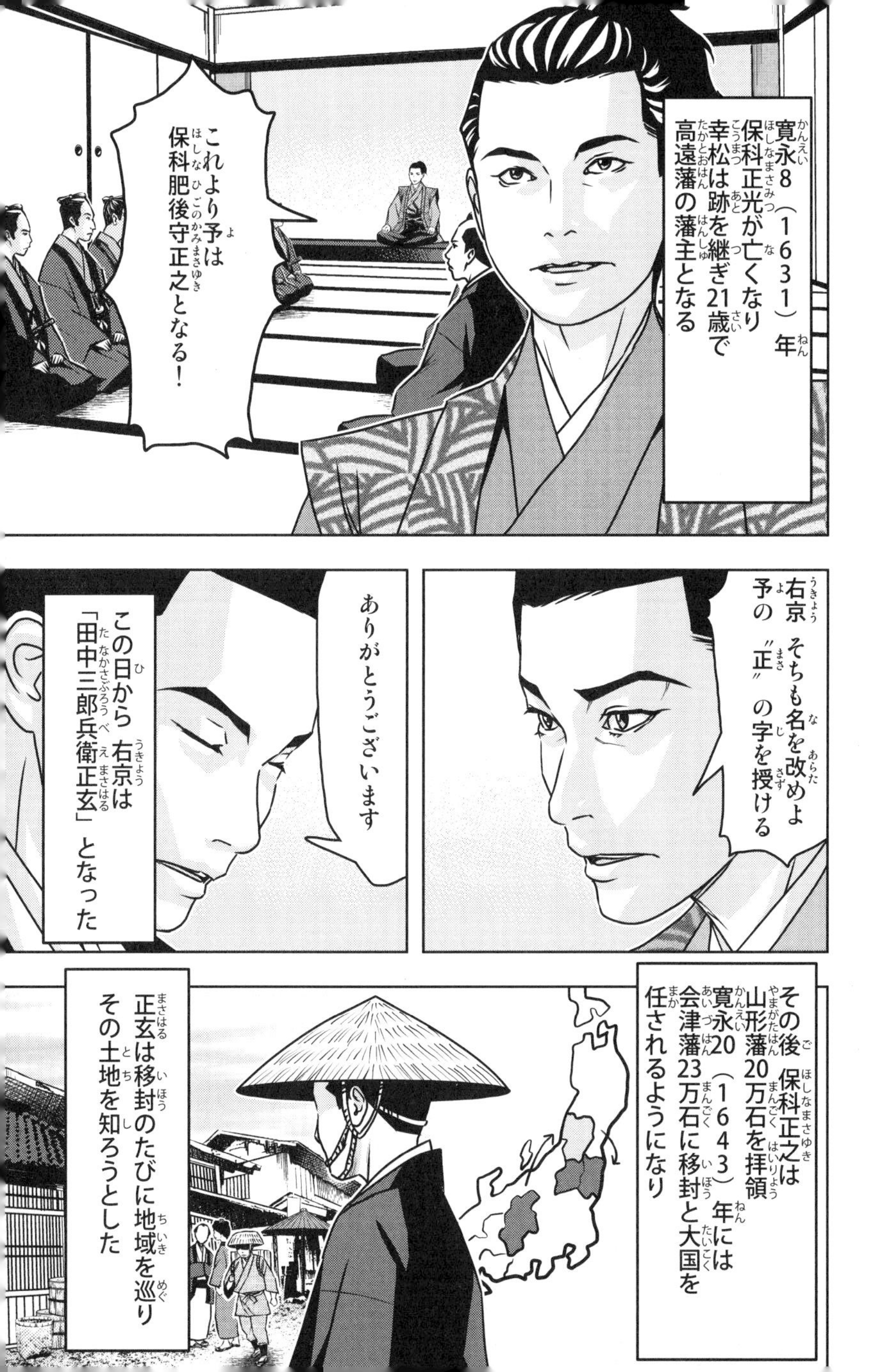
寛永《かんえい》8（1631）年《ねん》 保科正光《ほしなまさみつ》が亡《な》くなり 幸松《こうまつ》は跡《あと》を継《つ》ぎ21歳《さい》で 高遠藩《たかとおはん》の藩主《はんしゅ》となる
これより予《よ》は 保科肥後守正之《ほしなひごのかみまさゆき》となる！
右京《うきょう》 そちも名《な》を改《あらた》めよ 予《よ》の〝正《まさ》〟の字《じ》を授《さず》ける
ありがとうございます
この日《ひ》から 右京《うきょう》は 「田中三郎兵衛正玄《たなかさぶろうべえまさはる》」となった
その後《ご》 保科正之《ほしなまさゆき》は 山形藩《やまがたはん》20万石《まんごく》を拝領《はいりょう》 寛永《かんえい》20（1643）年《ねん》には 会津藩《あいづはん》23万石《まんごく》に移封《いほう》と大国《たいこく》を 任《まか》されるようになり
正玄《まさはる》は移封《いほう》のたびに地域《ちいき》を巡《めぐ》り その土地《とち》を知《し》ろうとした

さすが会津《あいづ》は米《こめ》どころ
よく実《みの》っておる
むっ！
そこで何《なに》をしておる？
何《なに》もしておりません
銭《ぜに》に困《こま》り田《た》を売《う》ったので
何《なに》もできないので
ございます

正玄《まさはる》は地域《ちいき》を見聞《けんぶん》した結果《けっか》をつぶさに藩主《はんしゅ》の保科正之《ほしなまさゆき》に報告《ほうこく》した
民《たみ》はそこまで困《こま》っておるのか
正玄《まさはる》！藩《はん》の政治《せいじ》を改《あらた》めるぞ
はっ！
保科正之《ほしなまさゆき》は田中正玄《たなかまさはる》の助言《じょげん》を受《う》けながら藩政《はんせい》の大改革《だいかいかく》に乗《の》り出《だ》した
我《われ》らが会津《あいづ》を天下一《てんかいち》住《す》みよい地《ち》にするのだ！

会津藩《あいづはん》で行《おこな》われた改革《かいかく》は
貧民対策《ひんみんたいさく》の備蓄制度《びちくせいど》
貧農対策《ひんのうたいさく》の米貸与制度《こめたいよせいど》をはじめ―
日本初《にほんはつ》の老齢年金制度《ろうれいねんきんせいど》
産子殺《うぶごごろ》し（間引《まびき》）の禁止《きんし》
地方史誌《ちほうしし》の編纂《へんさん》など
多岐《たき》にわたった
しかし 保科正之《ほしなまさゆき》は
江戸《えど》で異母兄《いぼけい》である
将軍家光《しょうぐんいえみつ》を補佐《ほさ》するため
藩《はん》を留守《るす》にすることが多《おお》かった
正玄《まさはる》
留守《るす》をたのむぞ！
心得《こころえ》ております
留守中《るすちゅう》の指揮《しき》は
家老職《かろうしょく》に就《つ》いた正玄《まさはる》が
漏《も》れなく取《と》り仕切《しき》った
殿《との》が江戸《えど》におられる間《あいだ》は
私《わたし》が会津《あいづ》をお預《あず》かりする！

つつつ
ご家老様《かろうさま》 ご相談《そうだん》が
むっ しばし待《ま》て
ごとっ
うむ よいぞ
すっ
恐《おそ》れ入《い》ります!
ざっ
あ お食事中《しょくじちゅう》でしたか とんだ無礼《ぶれい》を…
むっ なぜそのような ことが分《わ》かる
お口《くち》の横《よこ》に飯粒《めしつぶ》が
おお これはしたり!
ガッハッハッハ 気《き》にせず話《はな》しなさい
日々《ひび》多忙《たぼう》を極《きわ》めたが どんなに忙《いそが》しくても たとえ食事中《しょくじちゅう》でも 部下《ぶか》の相談《そうだん》には耳《みみ》を傾《かたむ》けたという

また　ある日《ひ》のこと
稽古堂
ここが稽《けい》古《こ》堂《どう》か…
正玄《まさはる》が視察《しさつ》した「稽古堂《けいこどう》」は会津《あいづ》に民間《みんかん》で設立《せつりつ》された学問所《がくもんじょ》である
ご家老様《かろうさま》がお見《み》えになるとは恐悦至極《きょうえつしごく》…
いやいや　そう構《かま》えずに
しかし　なぜここまで熱心《ねっしん》にされておるのか？
ご家老《かろう》ともあろうお方《かた》がそのような質問《しつもん》を！

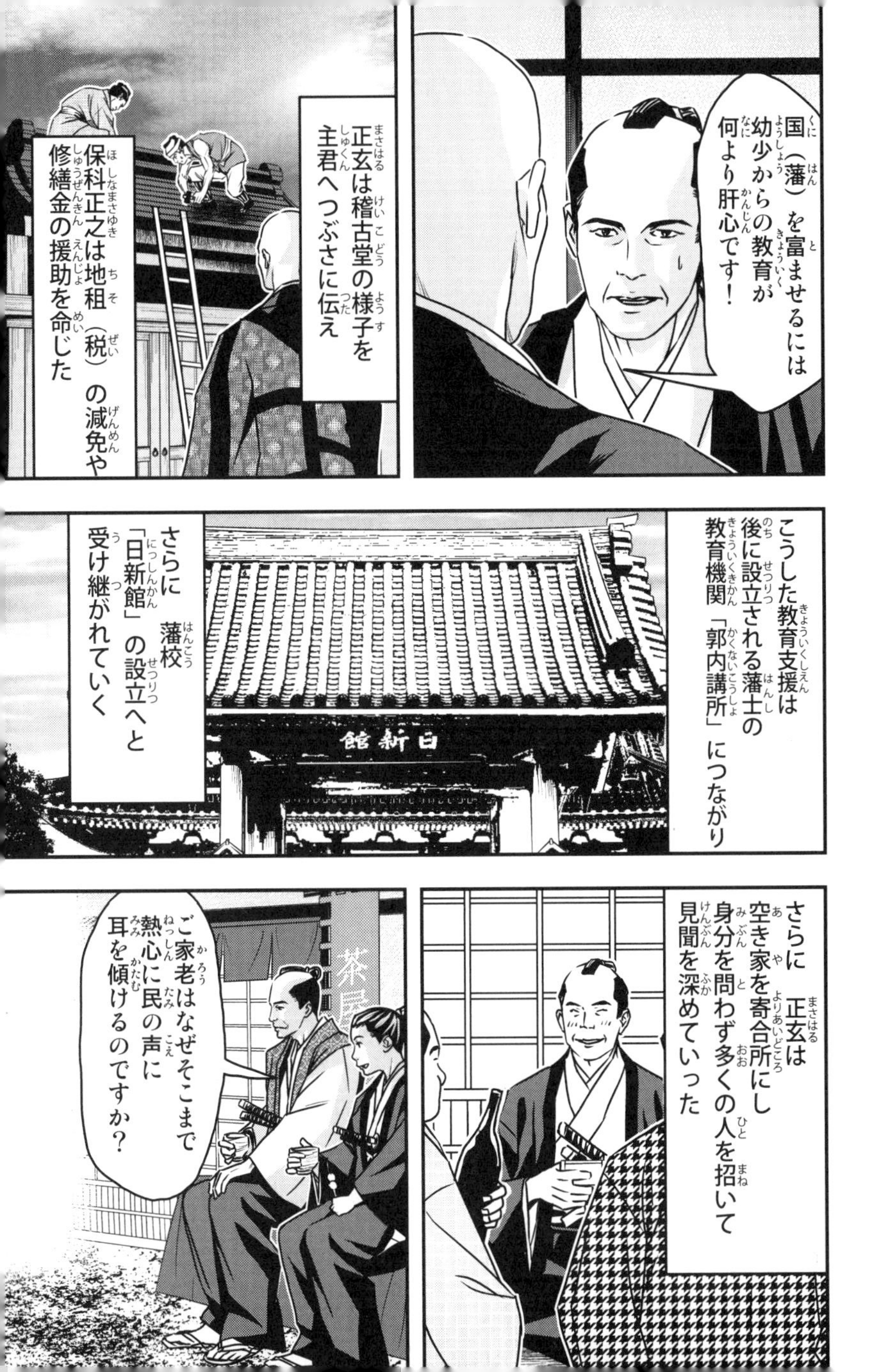
国《くに》（藩《はん》）を富《と》ませるには
幼少《ようしょう》からの教育《きょういく》が
何《なに》より肝心《かんじん》です！
正玄《まさはる》は稽古堂《けいこどう》の様子《ようす》を
主君《しゅくん》へつぶさに伝《つた》え
保科正之《ほしなまさゆき》は地租《ちそ》（税《ぜい》）の減免《げんめん》や
修繕金《しゅうぜんきん》の援助《えんじょ》を命《めい》じた
こうした教育支援《きょういくしえん》は
後《のち》に設立《せつりつ》される藩士《はんし》の
教育機関《きょういくきかん》「郭内講所《かくないこうしょ》」につながり
日新館
さらに　藩校《はんこう》
「日新館《にっしんかん》」の設立《せつりつ》へと
受《う》け継《つ》がれていく
さらに　正玄《まさはる》は
空《あ》き家《や》を寄合所《よりあいどころ》にし
身分《みぶん》を問《と》わず多《おお》くの人《ひと》を招《まね》いて
見聞《けんぶん》を深《ふか》めていった
ご家老《かろう》はなぜそこまで
熱心《ねっしん》に民《たみ》の声《こえ》に
耳《みみ》を傾《かたむ》けるのですか？

政治《せいじ》には 数《かぞ》えきれないほどの道《みち》がある しかし 私《わたし》には学《がく》がない
それでも 民《たみ》を知《し》り 民《たみ》を慈《いつく》しむことが 自《おの》ずと正《ただ》しい道《みち》になると 信《しん》じておるのだ
馳走《ちそう》になった 代金《だいきん》はここへ置《お》いておく
ご家老《かろう》さま！
釣《つ》りはいらぬぞ
お代《だい》が足《た》りませぬ！
ずるっ

正玄《まさはる》は
民衆《みんしゅう》の声《こえ》を聞《き》くと同時《どうじ》に
藩主《はんしゅ》が善政《ぜんせい》を行《おこな》えるよう
進言《しんげん》を重《かさ》ね
藩士《はんし》に対《たい》しては
士道《しどう》を正《ただ》しく貫《つらぬ》けるよう
育成《いくせい》を怠《おこた》らなかった
励《はげ》め！
主君《しゅくん》のために 民《たみ》のために
国《くに》のために励《はげ》むのだ！
時《とき》の幕府《ばくふ》家老《かろう》 土井利勝《どいとしかつ》は
正玄《まさはる》の働《はたら》きぶりを絶賛《ぜっさん》し
こう評《ひょう》したという
「世《よ》の名家老《めいかろう》は 尾張《おわり》の成瀬隼人《なるせはやと》
紀州《きしゅう》の安藤帯刀《あんどうたてわき》 会津《あいづ》の田中正玄《たなかまさはる》
中《なか》でも田中《たなか》は最《もっと》も優《すぐ》れている」

寛文《かんぶん》6（1666）年《ねん》 正玄《まさはる》は
会津《あいづ》藩《はん》筆頭《ひっとう》家老《かろう》の任《にん》に就《つ》く
その2年後《ねんご》
保科正之《ほしなまさゆき》は
会津藩《あいづはん》の指針《ししん》として
「家訓十五箇条《かくんじゅうごかじょう》」を定《さだ》め
江戸《えど》に正玄《まさはる》を呼《よ》んで
それを託《たく》した
殿《との》が制定《せいてい》されたこの家訓《かくん》こそが
会津《あいづ》の魂《たましい》である！
幕府《ばくふ》への忠誠《ちゅうせい》
士道《しどう》の心得《こころえ》 敬愛《けいあい》の心《こころ》などが
書《か》き連《つら》ねられた十五箇条《かじょう》
しかと心《こころ》に
留《とど》め置《お》くように！
會
幕末《ばくまつ》を経《へ》て現在《げんざい》も受《う》け継《つ》がれる
〝会津魂《あいづだましい》〟のルーツがこれである

主君《しゅくん》を支《ささ》え
会津《あいづ》に尽《つ》くした正玄《まさはる》だが
病魔《びょうま》には勝《か》てず
ご家老様《かろうさま》
病《やまい》のこと
殿《との》に伝《つた》えてはならぬ
殿《との》の公務《こうむ》に
差《さ》し支《つか》えるといかん
寛文《かんぶん》12（1672）年《ねん》
60歳《さい》で他界《たかい》した
正玄《まさはる》
なぜ先《さき》に逝《い》って
しまったのか…
保科正之《ほしなまさゆき》は
家督《かとく》を子《こ》の正経《まさつね》に譲《ゆず》る際《さい》
こう語《かた》ったという
正玄《まさはる》が生《い》きておったら
予《よ》なぞよりもお前《まえ》の役《やく》に
立《た》ったであろうに
正玄《まさはる》が定《さだ》めた制度《せいど》は
決《けっ》して変《か》えてはならぬ

正玄《まさはる》の墓《はか》は
猪苗代《いなわしろ》の地《ち》につくられ
この地《ち》で会津《あいづ》の行《ゆ》く末《すえ》を
見守《みまも》ることとなった
田中正玄之墓
天下《てんか》の雄藩《ゆうはん》会津《あいづ》の土台《どだい》を作《つく》り上《あ》げた
名家老《めいかろう》田中正玄《たなかまさはる》の名《な》は
死後《しご》もなお敬慕《けいぼ》の対象《たいしょう》とされ
100年《ねん》の時《とき》を経《へ》て
その子孫《しそん》田中玄宰《たなかはるなか》の
善政《ぜんせい》に受《う》け継《つ》がれていくことになる

雄藩・会津の基礎をつくった天下の名家老

田中正玄《たなかまさはる》

3代将軍家光の弟、保科正之《ほしなまさゆき》に仕える

江戸時代、11代将軍・徳川家斉《いえなり》の代に先祖代々の家の続柄をまとめた系譜集『寛政重修諸家譜《かんせいちょうしゅうしょかふ》』でも、大名となった田中吉政をはじめ多くの田中家が名を連ねている。武士として徳川幕府を支えた田中家の中でも、会津藩23万石の大名家で家老職を務めた田中家は歴史に大きな足跡を残した。

会津田中家の祖といわれる田中正玄《まさはる》は慶長18（1613）年6月17日、佐渡で生まれた。正玄は右京と称していたが、のちに三郎兵衛に改める。正玄の先祖は、甲斐武田家の家臣で、祖父・治部右衛門玄儀は武田信玄に仕え、天正3（1575）年に武田勝頼が織田・徳川連合軍と戦った長篠の合戦で戦死している。武田家が滅亡すると、父玄重は豊臣家に仕える。

会津士魂会が平成21（2009）年に発行した『会津士魂』によると、正玄の父は諱《いみな》を正重《まさしげ》、清右衛門《せいえもん》玄重《はるしげ》。母は野本氏の出とある。正玄は玄重の二男として生まれる。兄玄次は寛永10（1633）年、25歳の時に佐渡で没した。父玄重は、『田中家系譜畧』によれば、豊臣秀吉に仕え、佐渡金山を掌《つかさど》ったとある。他の資料では、佐渡金山初代代官を務めたのは、戦国武将・田中吉政の一族といわれる田中清六とある。玄重は清六と同一人物か同族の可能性もある。

正玄は寛永4（1627）年、15歳で信州《しんしゅう》高遠《たかとお》で部屋住みだった保科《ほしな》正之《まさゆき》に仕える。正之は慶長16年（1611）年5月7日、2代将軍・徳川秀忠の四男（庶子）として生まれた。2代将軍・徳川秀忠のご落胤ということで、旧武田家臣で信濃国高遠藩主保科正光が預かり、養育した。実兄にあたる3代将軍・徳川家光は9歳年上。年齢が近いこともあり正之の勤勉で有能、誠実な人柄を気に入った家光は正之を重用し、幕政にもその才を用いた。

寛永8（1631）年11月、正之は高遠藩3万石の藩主となる。

天下の名家老

正之は、15歳で自分に仕えるようになった正玄の才能と人物を高く評価していた。正玄が元服する時、自分の諱《いみな》の一字「正」を与え正玄と改めさせた。さらに、500石を与え家老職に抜擢したほどだ。当時、正之はまだ高遠藩3万石の藩主であった時期であるから、正玄に対する期待の大きさが読み取れる。

寛永13（1636）年、正之は出羽国山形藩20万石を拝領、寛永20（1643）年には陸奥国会津藩23万石を治める大身の大名となった。その後は明治まで保科・会津松平家が統治を続けた。正之の出世に伴い、正玄の禄高も増えた。出羽国転封の際には1000石、陸奥国転封では500石を追加加増された。さらに、その後二度にわたって加増され、計4000石の知行を拝領、与力料まで入れると5500石の大身となった。

家老として藩主正之を支えてきた正玄であったが、会津藩では主席家老として保科家（松平家）を切り盛りし、寛文6（1666）年には、御家司（大老）を命じられると生涯、大老の職にあった。かつて、幕府の大老を務めた土井利勝は、「今、天下に3人の名家老がいる」といって、犬山藩初代藩主・尾張徳川家の付家老・成瀬隼人、紀伊国田辺城（和歌山県田辺市）城主・紀伊徳川家の付家老・安藤帯刀《たてわき》（直次）、田中正玄の3人の名前を挙げ、さらに、「その中でも正玄は特に優れた人物である」と称えている。

将軍補佐役を務める藩主

保科正之の藩政は善政として領民からも支持されるものだった。正之が信州高遠藩3万石から出羽藩20万石へ移封されると、「今の高遠でたてられようか、早く最上の肥後様へ」という歌が流行ったという。今の高遠ではやっていけない。早く正之が治める最上（出羽藩）に移りたいという意味だ。最上は山形を、肥後様とは肥後守であった正之を意味する。正之後の高遠藩の政《まつりごと》に不満を持った領民が正之の善政を偲んで歌ったもののようだが、歌うだけで終わらず、2000人（一説には3000人とも）もの領民が高遠を逃げて山形へ移ってしまった。それほど正之は領民から慕われていたようだ。

その後、正之は陸奥国会津23万石に移封となり、以後、保科家（会津松平家）が、明治まで治めることとなる。正之は会津でも善政を貫く。しかし、慶安4（1651）年4月20日、病を患っていた家光が正之を枕元に呼び「我が息子・家綱を頼む」と直々に遺言し亡くなった。そのため、正之は家光の遺言を守り、4代将軍・家綱の補佐役として幕政に関与する。正之は、家光の言葉を守り抜くことを決意し、将軍家に忠節を尽くすことを会津藩の最も大事な務めと位置付けた。

その思いは、寛文8（1668）年に正之が定めた『会津家訓十五箇条』の第一条に、「大君の儀、一心大切に忠勤を存すべく、列国（列藩）の例を以て自ら処《お》るべからず。若《も》し二心を懐《いだ》かば、則ち我が子孫に非ず、面々決して従うべからず」と明文化されている。我が藩は将軍家に忠義を尽くすことが最も大事なことであり、自分の子孫であっても将軍家に逆らうようなことがあったら、その藩主には従わなくてもよいという意味である。

正之が後の藩主や家老たちの規範になるものとして考え作成した家訓で、出来上がったものを正之から最初に手渡されたのが正玄であった。歴代藩主や重臣たちは役職に就く際、家訓に従うことを血判して誓約の証を立てたといわれるほどの重みをもつもので、最後まで会津藩の法律そのものであった。

余談だが、正之は生涯、保科姓を名乗った。松平姓を名乗らなかったのは、育ててもらった保科家への恩義を示すためだったと思われる。義を重んじた正之らしい話である。

君を正し、士をいたわり、民を憐れむ

正之は、4代将軍・家綱の補佐役を務めていたことから、江戸に常駐し会津に帰ることができない。そこで、全幅の信頼を寄せていた正玄に会津藩の政を託した。正玄は正之が追求する政を実行する統率者として奮闘する。武芸を重んじ教育を盛んにした。また、勤勉・倹約を奨励し産業振興のために開墾や漆樹の植林などを推進すると共に米価の調整に力を入れた。つまり、強く豊かで、領民が安心して暮らせる国づくりを目指し数々の施策を実行したのである。会津藩は栄え、雄藩として躍進する基礎を築いたといえる。

正玄の政の根底にあるのは、次の3つに集約されている。それは、君を正す「正君」、士を可愛がり、いたわる「撫士」、民を憐れむ「恤民《じゅつみん》」である。自身は日頃から倹約を守り贅沢を戒めていた。また、奢ることもなかった。訴えてくるものがあれば、食事中であっても箸を置き、睡眠中であっても床から起きて話を聞いたというほど、君に仕えるものとして忠実に責務を果たそうとした。そのため、士卒のみならず、民衆までもが正玄を慕い、正玄の行いに倣った。善政を行う名君と謳われた正之の政治を行う者としては、正玄ほどの適任者はいなかったといえる。

「正玄の死は藩の大いなる憂い」

藩主正之は生涯、正玄に対して全幅の信頼を寄せていた。そのことを物語る話が残っている。正玄には子がなかった。そのため、「跡継ぎを立てるように」と正之が強く命じる。しかし、正玄は「今まで何の功労も無いのに厚禄《こうろく》を受けてきました。その上、それを子孫に伝えることは望みません」と固辞する。正玄らしい一幕である。正之も正玄の思いを尊重していたが、いよいよ死に及ぶと正玄の甥・玄忠を正玄の養子とし、正玄の石高4000石のうち1500石を与えた。正玄に対する正之の思いの強さがうかがえる。玄忠はその後、2代藩主・保科正経《まさつね》の番頭にまで昇進し会津藩を支える。

田中正玄は、寛文12（1672）年5月28日、病のため会津城下で亡くなる。享年60であった。藩の家老職を34年にわたって務め、会津藩の基礎を築くなど大きな足跡を残した。また、会津藩の支城であった猪苗代城《いなわしろ》の城代を5年間務めた。猪苗代城は会津領の重要拠点として位置づけられ、慶長20（1615）年の一国一城令が発布されても、例外として存続が認められた。

正玄の死を知った領民たちは、親を失った如く嘆き悲しんだという。特に、藩主正之の悲しみは深かった。正之は「天はなぜ私よりも正玄を先立たせたのか」と嘆いた。そして、世継ぎ正経に「私が死んでもお前や他の者が悲しむだけだが、正玄が先に死んだことほどわが藩にとって大きな憂いはない。お前にとってもこれ以上の不幸はない。正玄が定めた制度は変えてはならない」と命じたという。

正之は、磐梯山《ばんだいさん》東南山麓見祢山の一角を正玄の墓地と定め、家老・友松勘十郎らに命じて葬送の儀式を行い埋葬した。そして、土津神社の末社に信彦霊社と名を贈り祀った。

田中家に伝わる家訓

会津田中家に伝わる興味深い家訓を紹介したい。

一、敬神尊祖之事

二、目上の人に無礼な振舞するな

三、虚言いうことならぬ

四、卑怯な振舞するな

五、弱いものをいぢめるな

六、ならぬことはならぬ

七、人に頼らず己に頼れ

八、衣・食・住は己の力に合わせよ

九、人に媚びへつらうな

十、人を非難する前に先ず己れを省みよ
十一、人に陥し入れられても人を陥し入れるな
十二、恩人には何かを報いることを忘れるな
十三、人に疑われるようなことをするな
右条々に違背致す家人は、縁切勘当の処置申し付けるもの也

これは、田中家15代目当主の田中玄宗が、父の玄福から口伝され覚えていたものを著した『会陽之大老　田中正玄言行録』に収められている。

正玄が家訓としたものだと断定まではできないかもしれないが、正玄の言葉だという可能性は高いように思える。正玄の生き様をよく表現している内容だからだ。

この条文は、後に会津藩大老を務めた田中玄宰《はるなか》に影響を与えたと思われる。玄宰が建てさせた日新館の教えにもこの家訓の考えを見ることができる。

会津田中家は、初代正玄から代々、会津藩に仕えてきた。最後の家老となった10代目・玄清《はるきよ》（土佐）まで、田中家は7人が家老（大老含む）を務めている。まさに、会津藩の歴史を支えつづけた家であった。

会津藩の危機を救った名家老

田中《たなか》玄宰《はるなか》

会津藩《あいづはん》小田山《おだやま》――
お由紀《ゆき》頑張《がんば》れ！もう一息《ひといき》だ
はい
会津藩家老《あいづはんかろう》
田中玄宰《たなかはるなか》
妻《つま》・お由紀《ゆき》
着《つ》いたぞ
遠《とお》くに見《み》えるのが
鶴ケ城《つるがじょう》だ

いつ見《み》ても絶景《ぜっけい》だな
はい
ところで お体《からだ》にさわりはないですか？ 病《や》み上《あ》がりですのに…
なんの これしきの山登《やまのぼ》り どうということはない
田中玄宰《たなかはるなか》は 会津藩《あいづはん》に大改革《だいかいかく》を起《お》こし 会津中興《あいづちゅうこう》の祖《そ》として 後世《こうせい》まで名《な》を残《のこ》すことになる

田中玄宰《たなかはるなか》は
寛延元《かんえんがん》（1748）年《ねん》
会津藩士《あいづはんし》 田中玄興《たなかはるおき》の子《こ》として
生《う》まれた
田中正玄《たなかまさはる》から
5代《だい》にわたって
保科《ほしな》・松平公《まつだいらこう》に仕《つか》えた
名家《めいか》の嫡男《ちゃくなん》として
将来《しょうらい》を嘱望《しょくぼう》され 文武《ぶんぶ》に励《はげ》む
しかし 父《ちち》 玄興《はるおき》は
若《わか》くして死去《しきょ》
これからは
あなたが田中家《たなかけ》の家長《かちょう》
自覚《じかく》をしっかり
お持《も》ちなさいませ
はい！
心得《こころえ》ております！
玄宰《はるなか》は13歳《さい》で家督《かとく》を
継《つ》ぐことになった

14歳《さい》で初登城《はつとじょう》
18歳《さい》で妻《つま》お由紀《ゆき》を娶《めと》り
江戸《えど》屋敷《やしき》の建《た》て直《なお》しを指揮《しき》するなど藩政《はんせい》での実績《じっせき》を積《つ》んだ
筆頭奉行《ひっとうぶぎょう》若年寄《わかどしより》と出世街道《しゅっせかいどう》を進《すす》んだ末《すえ》
さらに精進《しょうじん》し会津《あいづ》を支《ささ》えよ!
34歳《さい》で家老《かろう》に大抜擢《だいばってき》されたが…

※疝気《せんき》…胆石症《たんせきしょう》、膵臓炎《すいぞうえん》、腎臓結石《じんぞうけっせき》など、激痛《げきつう》を伴《ともな》う内臓疾患《ないぞうしっかん》の総 称《そうしょう》

玄宰《はるなか》は 休職《きゅうしょく》の間《あいだ》に改《あらた》めて会津《あいづ》に関《かん》する知識《ちしき》を集《あつ》め始《はじ》めた
いちから学《まな》び直《なお》すぞ!
会津藩史《あいづはんし》を読《よ》み漁《あさ》り他藩《たはん》の成功事例《せいこうじれい》を学《まな》び…
体調《たいちょう》の良《よ》い日《ひ》は藩内《はんない》を視察《しさつ》した
お前《まえ》んとこは漆《うるし》は手《て》に入《い》れたかい?
いや 今年《ことし》は高《たか》くてな
会津《あいづ》の漆《うるし》は安定《あんてい》しないから大変《たいへん》だ
全《まった》くだな他所《よそ》から買《か》うか

別《べつ》の日《ひ》には――
旅《たび》の人《ひと》かね？
え？ そうですが
会津《あいづ》はいかがかな？
いい所《ところ》です でも酒《さけ》がいけません
酒《さけ》？
いい米《こめ》がとれるのに 酒《さけ》は美味《うま》くないんでね
それじゃ あっしはこれで
少《すこ》しずつだが 見《み》えてきたぞ！

玄宰《はるなか》は 藩内《はんない》の問題《もんだい》を あらゆる側面《そくめん》から分析《ぶんせき》した
農業《のうぎょう》 商業《しょうぎょう》 伝統工芸《でんとうこうげい》 教育《きょういく》 福祉《ふくし》 環境《かんきょう》…
最《もっと》も深刻《しんこく》なのは 藩《はん》の抱《かか》えた莫大《ばくだい》な借金《しゃっきん》だった
積《つ》もり積《つ》もって57万両《まんりょう》… どうすればいいのだ?
いや やらねばならんのだ!
玄宰《はるなか》の心《こころ》には 尊敬《そんけい》すべき祖《そ》である 田中正玄《たなかまさはる》の姿《すがた》が常《つね》にあったのだ

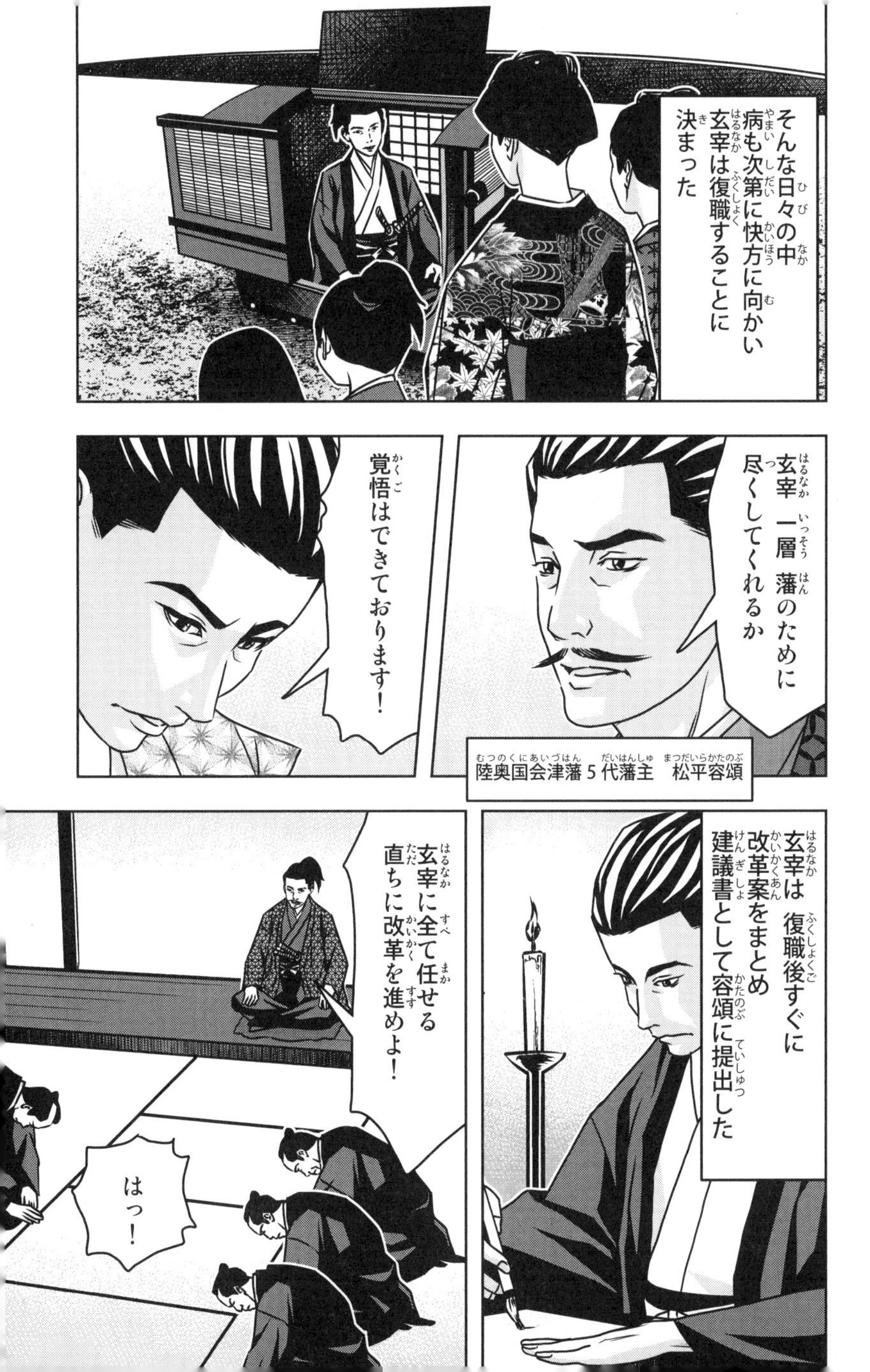
そんな日々《ひび》の中《なか》病《やまい》も次第《しだい》に快方《かいほう》に向《む》かい玄宰《はるなか》は復職《ふくしょく》することに決《き》まった
玄宰《はるなか》 一層《いっそう》 藩《はん》のために尽《つ》くしてくれるか
陸奥国会津藩《むつのくにあいづはん》5代藩主《だいはんしゅ》 松平容頌《まつだいらかたのぶ》
覚悟《かくご》はできております！
玄宰《はるなか》は 復職後《ふくしょくご》すぐに改革案《かいかくあん》をまとめ建議書《けんぎしょ》として容頌《かたのぶ》に提出《ていしゅつ》した
玄宰《はるなか》に全《すべ》て任《まか》せる直《ただ》ちに改革《かいかく》を進《すす》めよ！
はっ！

その日《ひ》から玄宰《はるなか》は
藩政改革《はんせいかいかく》に心血《しんけつ》を注《そそ》いだ
藩士《はんし》の訓練強化《くんれんきょうか》 軍備《ぐんび》の増強《ぞうきょう》
優秀《ゆうしゅう》な人材《じんざい》の登用《とうよう》
さらに 法《ほう》や刑罰《けいばつ》の整備《せいび》で
城下《じょうか》の風紀《ふうき》を正《ただ》し
質素倹約《しっそけんやく》を奨励《しょうれい》しつつ
年寄《としより》や子《こ》どもを大切《たいせつ》にする心《こころ》を
地域《ちいき》に根付《ねづ》かせた
そして
会津《あいづ》の酒《さけ》を改革《かいかく》しよう
さ 酒《さけ》…ですか？

会津《あいづ》にはこれといった特産品《とくさんひん》がない
しかし 良質《りょうひつ》な米《こめ》と水《みず》がある
他藩《たはん》に売《う》れる美酒《びしゅ》が必《かなら》ず作《つく》れるはずだ！
玄宰《はるなか》は早速《さっそく》 全国《ぜんこく》から腕利《うでき》きの杜氏《とうじ》たちを呼《よ》び寄《よ》せ新《あたら》しい酒《さけ》を開発《かいはつ》
うまい！素晴《すば》らしい出来《でき》だ！
藩直営《はんちょくえい》の酒蔵《しゅぞう》で銘酒《めいしゅ》「清美川《きよみがわ》」が誕生《たんじょう》全国《ぜんこく》に売《う》り出《だ》されることになった

さらに 会津藩《あいづはん》では 蒔絵師《まきえし》や染師《そめし》 織師《おりし》などを招《まね》き 地域産業《ちいきさんぎょう》の従業員《じゅうぎょういん》に 技術《ぎじゅつ》を学《まな》ばせた
次《つぎ》は漆木《うるしき》を植《う》えるぞ
う 漆《うるし》でございますか？
技術《ぎじゅつ》だけでは駄目《だめ》だ 工芸品《こうげいひん》に必要《ひつよう》な漆《うるし》が 会津《あいづ》では足《た》りておらぬ！
玄宰《はるなか》は漆木《うるしき》の栽培《さいばい》 保護《ほご》管理《かんり》も強化《きょうか》し 流通量《りゅうつうりょう》を確保《かくほ》
他《ほか》にも 養蚕《ようさん》 食用鯉《しょくようこい》の養殖《ようしょく》 松茸《まつたけ》の栽培《さいばい》などを推進《すいしん》し 地域産業《ちいきさんぎょう》を活性化《かっせいか》させた

改革《かいかく》は徐々《じょじょ》に実《み》を結《むす》び
藩《はん》の借金《しゃっきん》は返済《へんさい》が進《すす》み
庶民《しょみん》の暮《く》らしも
上向《うわむ》きになった
玄宰《はるなか》が特《とく》に力《ちから》を入《い》れたのは
教育《きょういく》だった
国《くに》の発展《はってん》の基礎《きそ》は
教育《きょういく》にある！
大規模《だいきぼ》な教育《きょういく》の場《ば》を作《つく》るのだ！
玄宰《はるなか》の号令《ごうれい》のもとに
作《つく》られたのが
全国《ぜんこく》トップクラスの
藩校《はんこう》「日新館《にっしんかん》」だ
日新館
学問《がくもん》はもちろん
弓馬刀槍《きゅうばとうそう》の道場《どうじょう》 射撃場《しゃげきじょう》
さらに 日本最古《にほんさいこ》のプール
「水練水馬池《すいれんすいばいけ》」まで
備《そな》えていた
この日新館《にっしんかん》が 幕末《ばくまつ》に至《いた》るまで
勇敢《ゆうかん》で忠義心《ちゅうぎしん》の篤《あつ》い会津藩士《あいづはんし》を
輩出《はいしゅつ》し続《つづ》けていくのである

※オロシャ…江戸時代のロシアの呼び名

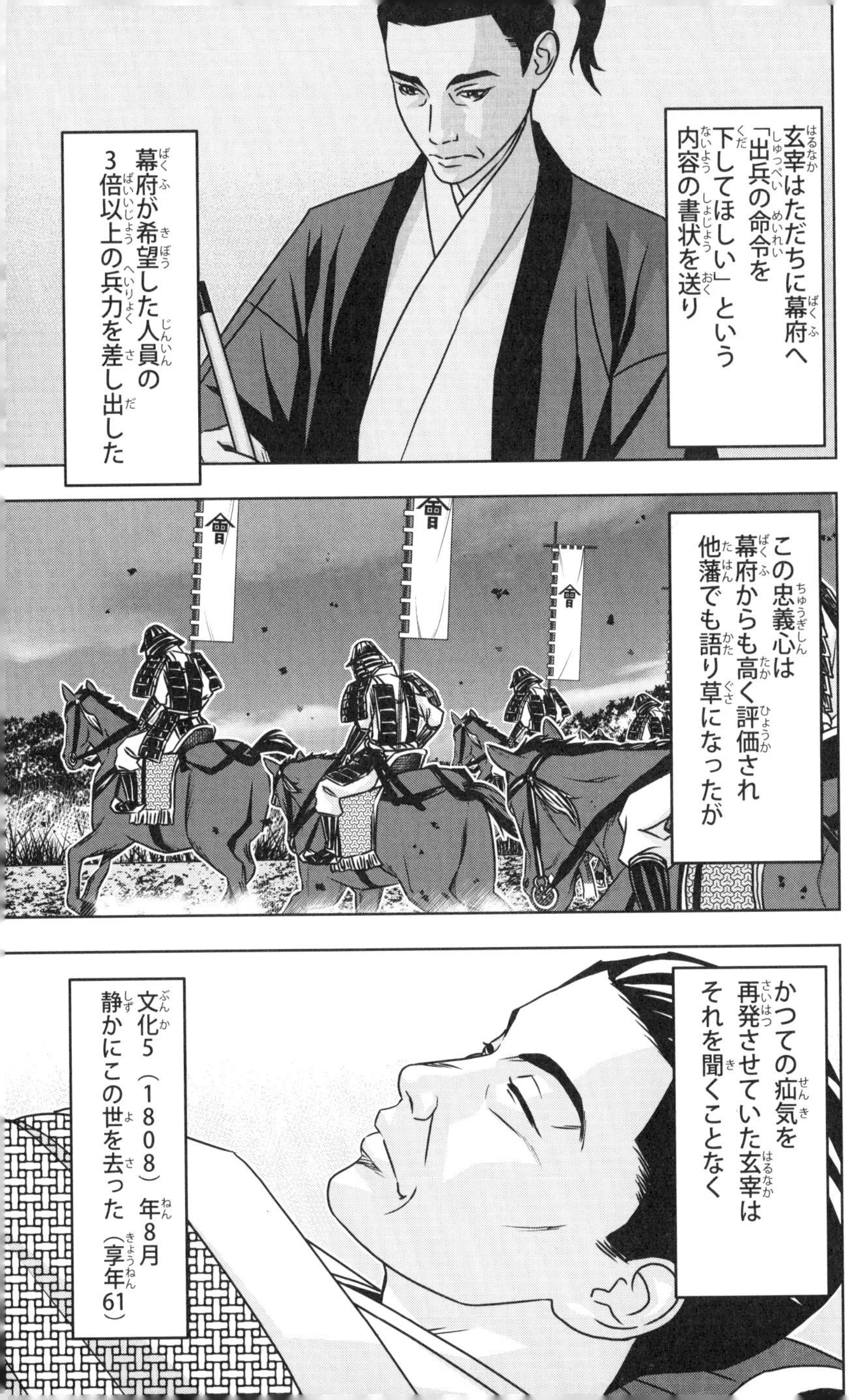

玄宰《はるなか》はただちに幕府《ばくふ》へ「出兵《しゅっぺい》の命令《めいれい》を下《くだ》してほしい」という内容《ないよう》の書状《しょじょう》を送《おく》り
幕府《ばくふ》が希望《きぼう》した人員《じんいん》の3倍以上《ばいいじょう》の兵力《へいりょく》を差《さ》し出《だ》した
この忠義心《ちゅうぎしん》は幕府《ばくふ》からも高《たか》く評価《ひょうか》され他藩《たはん》でも語《かた》り草《ぐさ》になったが
かつての疝気《せんき》を再発《さいはつ》させていた玄宰《はるなか》はそれを聞《き》くことなく
文化《ぶんか》5(1808)年《ねん》8月静《しず》かにこの世《よ》を去《さ》った(享年《きょうねん》61)

玄宰《はるなか》の墓《はか》は
遺言《ゆいごん》に添《そ》って小田山《おだやま》の山頂《さんちょう》に
つくられた

人生《じんせい》の全《すべ》てを捧《ささ》げた鶴ヶ城《つるがじょう》
日新館《にっしんかん》　会津城下《あいづじょうか》を
一望《いちぼう》するその地《ち》に眠《ねむ》りながら

田中玄宰《たなかはるなか》は
今《いま》も日本《にほん》の行《ゆ》く末《すえ》を
見守《みまも》り続《つづ》けている

会津藩の危機を救った名家老

田中玄宰《たなかはるなか》

田中家2人目の大老

会津藩の大老として藩主保科正之に仕え、藩政を取り仕切った名家老・田中正玄の子孫で田中家6代目に田中玄宰《はるなか》がいる。会津田中家は、初代正玄にはじまり、10代にわたって会津藩に尽くした名門である。それぞれの当主は、初代正玄（大老）、2代玄忠（番頭）、3代玄督（家老）、4代玄顕（家老）、5代玄興（側役）、6代玄宰（大老）、7代玄成（御小姓頭）、8代玄古（家老）、9代玄良（家老）、10代玄清（家老）と家老職以上を務めた人物が7人もいる。そのうち、初代正玄と6代玄宰が大老職まで務めている。初代正玄が天下の名家老と称えられたように玄宰も「名家老」や「中興の祖」と称された。

田中三郎兵衛玄宰は寛延元（1748）年、田中家5代目・玄興の子として生まれた。初名は玄堅《はるかた》と言った。父玄興は側役を務めていたが、41歳の若さで病死したことから、玄宰は13歳で家督を継ぎ、5代藩主・容頒《かたのぶ》から1000石を与えられた。明和4（1767）年に20歳で小番頭、同8（1771）年には24歳で番頭、安永5（1776）年、29歳で奉行上席という重職を担うこととなる。天明元（1781）年2月には34歳で若年寄、そして同じ年の12月には家老職に就いた。

その後、天明4（1784）年から病気のため職を辞し静養に入るが、翌年12月から家老職に復職し享和3（1803）年、56歳にして大老職に就く。34歳の若さで家老に任じられて以降、5代藩主・容頌《かたのぶ》、6代藩主・容住《かたおき》、7代藩主・容衆《かたひろ》と3人の藩主に仕えた。

財政危機に苦しむ会津藩

玄宰が家老に就任した当時の会津藩は、財政危機に瀕していた。藩の財政が苦しいのは、会津藩だけではなかった。江戸時代になっても、武士の収入は年貢として徴収する米がその基盤であった。米の取れ高には大きな変化は期待できない。一方、泰平の世が続き生活が安定し文化や芸術も華やかになると、人々の生活の質も向上した。自然と物価も上がる。

武士の収入があまり変わらない、あるいは支給が遅れたり、減らされたりしている状態で物価が上がるわけだから、当然、武士階級の生活は苦しくなる。藩の財政も収入が増えずに経費ばかりがかさめば、財政難に陥るのは必須である。藩は、贅沢を禁じるなど質素倹約を推し進めるが、江戸城の普請や参勤交代などで莫大な出費がかかる。加えて、水害などの被害が生じると復旧のための土木工事費も捻出しなければならない。さらに、台風や大雨による川の氾濫、冷害などの天候不順によって米の生産量そのものが大きく落ち込むこともある。

天明2（1782）年から続いた「天明の大飢饉」は、財政難に喘ぐ会津藩に追い打ちをかけた。天明の大飢饉だけでなく、そうした天災が度々《たびたび》起きると、士族だけでなく農民など庶民の生活も成り立たない。農民が自分の土地を捨て他の藩に移るなど「走り」が頻発し藩内の人口が減少すると、生産力と国力の低下は避けられない事態となる。多くの藩がそうした事情を抱えており、会津藩でも厳しい状況にあった。初代保科正之の時代から築いた蓄えも底をつき、財政は悪化するばかりだった。

藩の財政は、玄宰が生まれる前から苦しかった。貞享《じょうきょう》元（1684）年には、京都の豪商三井家から銀800貫《かん》を借り入れている。1貫は、1000匁《もんめ》。金1両は銀60匁程に相当する。江戸時代といっても年代によって貨幣価値は異なるが、仮に金1両を7万5000円で計算すると銀1貫は約125万円となり、会津藩が三井家から借りた金は約10億円にのぼる。その後、藩の借金は増え続け明和6（1769）年、玄宰は22歳で小番頭を務めていたが、この時には57万両に達していた。今の価値に換算すると、約427億円となる。利息の返済だけでもかなりの額といえる。

抜本的な藩政改革を断行

会津藩は、倹約令を出して財政の建て直しを図る。また、町と村に1人1日につき1銭の徴収を課し、松や杉の売却などで藩の収入を増やそうとするが、莫大な借金には焼け石に水である。ついに、抜本的な財政改革に取り組む必要に迫られた。存亡にかかわる危機に直面した状況下で家老に就任した玄宰は、財政、産業、軍制、教育など藩政の全てにおいて改革を断行した。

玄宰は、藩政改革を目指し、5代藩主・容頌に8項目からなる改革案を提出する。玄宰は藩政改革で成功した熊本藩の「宝暦の改革」を参考にして改革案を練ったという。内容は、

一、武備を充実し、士卒を訓練する
二、教育の場を充実し、文武の道を教える
三、優秀な人材を登用する

四、倹約につとめること
五、刑罰の法を定めて裁判を平等に行う
六、上下の身分をはっきりする
七、賞罰を明らかにし、各人の能力を発揮させる
八、村々の支配と風俗を正す
このようなものであった。
中でも、軍政改革と教育、殖産振興に力を注いだ。

江戸時代も後期に入ると、泰平の時代が続いたこともあり、士卒といっても実戦を経験したことのない世代ばかりとなっていた。鉄砲組などの長ですら、鉄砲の撃ち方の指導ができなかったともいう。泰平が長く続いたため、実戦の訓練を軽視し、実戦とはかけ離れたことを議論するような風潮がまん延していたのだ。そこで、玄宰は、操練を行うなど実戦を重視した部隊を再編制して侍たちの士気を高めた。

玄宰が教育改革を重視した背景には、藩祖正之からの教育に対する考え方があったといえる。会津藩は、正之の時代から教育に熱心であった。正之は、教育の充実

のために、会津の出身で江戸でも名声を博した儒学者・横田俊益《しゅんえき》に仕官をすすめるが、なかなか首を縦に振らない。再三にわたって説得するが応じようとしない。そこで、家老の田中正玄が直に俊益の説得に乗り出す。さすがに断り切れなくなった俊益は、ようやく明暦2（1656）年、主君に対し学問を講じる侍講《じこう》となった。

そうして寛文4（1664）年、俊益は城下の桂林寺町《けいりんじまち》に日本で最初の民間教育の学舎、「稽古堂」を建立。正之は稽古堂の税金を免除するなどして奨励した。稽古堂では、漢文や和歌、儒学、医学など多岐にわたる科目を教えた。武士に限らず医者や商人、農民、職人なども受け入れ大いににぎわったようである。受講する者の中には、正玄や会津藩の重臣、役人もいた。こうした教育への投資が、会津藩発展の礎となった。

玄宰は、人づくりを国造りの根本と位置付けた藩祖の遺志を受け継ぎ、それをさらに充実しようと考えたのであろう。享和3（1803）年に文武の両教科を教える「日新館」をつくった。完成までに5年もの歳月をかけるほど、規模と内容の充実を図った。上士以上の藩士で10歳以上の子弟は皆、入学が義務付けられた。朝の8時から授業がはじまり、15歳までは論語や大学などの四書五経と孝経、小学を加えた計11冊の中国古典を素読する。それを修了し成績が優秀なものは講釈所（大学）でさらに学ぶことができる仕組みとなっており、ここから数多《あまた》の優秀な人材を輩出した。

教育改革は若年層にも及んだ。10歳以下の子供に対しては躾を重視した。それは「ならぬことはならぬものです」で有名な「什《じゅう》の掟《おきて》」にあらわされている。日新館に入学する前の子供にその心得を説いたものだ。

「什の掟」

一、年長者《としうえのひと》の言ふことに背いてはなりませぬ
一、年長者にはお辞儀をしなければなりませぬ
一、嘘《うそ》言を言ふことはなりませぬ
一、卑怯な振舞をしてはなりませぬ
一、弱い者をいぢめてはなりませぬ
一、戸外で物を食べてはなりませぬ
一、戸外で婦人《おんな》と言葉を交へてはなりませぬ

ならぬことはならぬものです

いつの時代でも国や組織を支えるのは人である。会津藩の人材育成に対する考え方と環境づくりは藩政改革の大きな力になった。

数々の産業振興を実施

玄宰はまず、入りと出という収支のバランスを保つため、財政支出を抑えるとともに年貢率を引き下げた。農村では、連帯責任と相互扶助によって村組織の強化を図りながら、農民の独立自営化を促進することで彼らのやる気を引き出した。

収入を増やすために、産業振興にも積極的に取り組んだ。例えば、漆木の栽培。会津は、保科家が入部する前から漆器などに使う漆をとる漆木の生産が盛んだった。そこで、漆木が枯れないよう個人所有の漆木であっても、自由な伐採や一度に漆汁を取りすぎることを禁じて漆木の保護に努めた。

漆が採れることから漆器づくりも行われていたので、領内での技術向上と商品としての付加価値を高めるため、京都から職人を招き蒔絵法を習得させたりもした。会津漆器は、次第に高い評価を得るようになる。会津領外に販路を伸ばし、さらに海外にも輸出するまでの産業に成長した。

養蚕も古くから行われていたが、藩の財政を助ける産業とはいえないものだった。玄宰は、領内に桑苗を安価で卸し、養蚕を奨励した。また、京都から織師や染師を招き、領内での生産を盛んにしたことで、大きな産業へと発展した。漆器もそうだが、一流の技術者を招き、藩全体のレベルを高めることで付加価値の高い、競争力の強い産業に育てていったのである。

会津は米どころでもあるから酒造業も盛んであった。玄宰は、酒造りの向上を図るため領内に醸造試験場といえる施設を建設し酒造りを支援した。会津の酒は、品質と生産量を高め領外への輸出品としても藩の財政を支えた。薬用人参は中国や朝鮮への高価な輸出品として藩に莫大な利益をもたらした。その他にも鯉の養殖や甲冑、刀剣、象嵌《ぞうがん》など幾つもの産業振興を推し進めた。

会津松平家の危機を救う

玄宰は、容頌《かたのぶ》、容住《かたおき》、容衆《かたひろ》の３人の藩主に仕えた。その中で、財政再建という難題に取り組んだが、さらに大きな問題が玄宰を悩ませた。松平家の家督問題である。５代藩主・容頌《かたのぶ》が文化２（１８０５）年に亡くなり、容住《かたおき》が６代藩主となる。しかし、容住は１年も経たずに28歳の若さで病死してしまう。二男の容衆《かたひろ》が家督を継ぎ７代藩主となるが、わずか４歳の幼子である。しかも、容衆は体が弱かった。世継ぎができなければ改易も覚悟しなければならない。

玄宰は一計を案じる。『なぜ会津は希代の雄藩になったか』（中村彰彦著）によれば、玄宰は容住の妾が懐妊したと幕府に報告する。そして、水戸藩の６代藩主・徳川治保の二男松平義和の庶子として生まれた容敬《かたたか》を秘密裏に貰い受け、幕府には容住の妾が男の子を産んだと届け出たのだ。幕府を欺いてまで松平家を守ろうと命懸けの芝居を打ったのである。こうして、玄宰は家の危機を救ったという。

文化5（1808）年、玄宰は亡くなった。享年61。その14年後の文政5（1822）年、体が弱かった容衆は20歳で亡くなった。しかし、容敬が家督を継いだことで、会津松平家は危機を逃れることができたのである。

田中家のルーツとは

全国に広がった田中氏の起源

身分の高い者だけが名を名乗ることができた

日本は世界でも名字（苗字）の種類が多い。その数は15万種とも30万種とも言われる。

我々が使っている名字は元々、「氏《うじ》」と「姓《かばね》」に区別されていたが、今日では同じように使われるようになった。「氏」は、家系や血縁集団である一族を表すもので、古くから使われた氏としては出雲《いずも》、尾張《おわり》、紀《き》、蘇我《そが》、物部《もののべ》、大友《おおとも》、刑部《おさかべ》、藤原《ふじわら》、橘《たちばな》、源《みなもと》、平《たいら》、豊臣《とよとみ》などがある。

「姓」は大王家《おおきみけ》が氏族に与えた称号として臣《おみ》や連《むらじ》、国造《くにのみやつこ》などがあった。飛鳥時代になると、天武天皇の代に「真人《まひと》」「朝臣《あそん》」「宿禰《すくね》」「忌寸《いみき》」「道師《みちのし》」「臣」「連」「稲置《いなぎ》」と呼ばれる八色《やくさ》の姓《かばね》が設けられ、身分を表すようになった。「真人」は主に皇族関係者に与えられたため、臣下の最高位は「朝臣」とされていたようである。我々がよく知る豊臣秀吉は、豊臣朝臣秀吉となる。豊臣は氏、朝臣は姓、秀吉が名を表す。これに名字、通称、官職まで入れると、羽柴藤吉郎関白豊臣朝臣秀吉となる。羽柴が名字、藤吉郎が通称、関白が役職である。よく、秀吉は羽柴から豊臣に名を変えたといわれるが、豊臣は氏で名字とは異なるため、秀吉の名字は羽柴から変わってはいないといえるだろう。

平安時代に入ると氏と姓の本来の意味合いが薄れ、また、武士も公家と同じ姓を使用する者が多くなったことなどから、自分たちが治める土地の名前を名字として名乗る者も出てきた。さらに、庶民が使用できる氏姓が与えられることもあった。こうなると、血縁集団や身分を氏、姓で表していたものが、次第に区別を付けられなくなり名字に統合されるようになる。

戦国時代では、織田信長が武士と農民を分ける政策をとるようになり、豊臣秀吉はさらに兵農分離を推し進めた。その中で、名字を名乗ることができるのは支配階級の者に限定されるようになる。

江戸時代に入ると、享和元（1801）年に「名字帯刀の禁令」が出され、武士と庄屋や名主など一部の庶民以外は、公の場で名字を名乗ることができなくなった。そのため庶民の多くは、名字を持っている者でも公の場では名乗らなくなる。だからといって名字を捨てたわけではなく、非公式な墓碑などに名字が記載された例もあるようだ。

庶民が名字を使うようになったのは、時代が明治に移ってからである。明治新政府は国民を把握するため戸籍の編成をすすめる。そのため、全国民に名字を持たせる必要があり、明治3（1870）年9月19日に「平民名字許可令」を出す。一般庶民でも名字を名乗ってよいという御触れだが、これを機に名字を名乗ろうとする者はまだ少なかった。そこには新政府への不信感があったのかもしれない。

そこで、政府は明治8（1875）年2月13日、「名字必称義務令」を発し名字の使用を許可ではなく義務付けたことで、ようやく庶民が名字を名乗るようになる。こうして、日本人の名字の数が激増した。ただ、法律で義務化されたからといって、庶民にしてみれば、どのような名字を付ければよいのかわからない者も多かった。ある者は、それまで私的に使っていた名字を使い、分家となった者は本家の名前の漢字や読みを変えるなどして使った。また、地元の庄屋（名主）、寺の住職など知識人につけてもらった者も多いだろう。土地や職業などに由来する名前を付けた者もいた。こうして、日本人は、それぞれのやり方で名字を持つようになった。

富の象徴である「田」を所有する者

15万とも30万ともいわれるほど種類が多い日本人の名字だが、田中は、佐藤、鈴木、高橋に次いで4番目に多く、その数は130万人余にのぼる。田中姓は全国に分布しているが特に、京都、大阪、福井、島根、福岡、熊本など西日本に多くみられる。

当然、知名度も高く、親しみを感じる人も多いだろう。そのため、田中姓の由来について意識する人は少ないのかもしれないが、辿ってみると、「特別」な名の一つとして認識されていたことがわかる。「田中」の文字から、「田んぼの中に家があったから田中さん」だと連想する人も多いのではなかろうか。間違いではないが、立地だけでなく富や権力にもつながる名字であったことも付け加える必要がある。

日本人にとって、米は特別な意味を持ってきた。稲作が始まって江戸時代まで、米は生活や経済の基盤であった。特に、稲作が広がった古代や中世においては、米がとれる田は「富の象徴」でもあったのだ。その富を支配する権力者の中に「田中」を名乗る人物がいたと考えられる。

稲作は、縄文時代後期に中国や朝鮮半島から北部九州に伝来し、九州から東へと広がった。それに伴い田中を名乗る土地の有力者が増え、あるいは、力を付けた田中一族が他の地域に移住し勢力を拡大することで田中氏は増えていった。京都、大阪といった近畿地方と九州、福井など西日本地区に田中姓が多いのは、稲作の伝わり方と関係があるといえるだろう。

権力者が求めた鋳物師《いもじ》

西日本で田中を名乗る者が増え、全国に田中姓が増えた要因の一つとして稲作の普及をあげたが、同じように、大陸から伝わった技術の伝播《でんぱ》が東国にも田中一族が広がる要因になったと思われる。その一つが銅や鉄といった金属とその加工技術である。

日本における銅や鉄の歴史は、すでに紀元前300年頃の遺跡に見ることができる。中国から朝鮮半島に広がり、日本の北九州に伝播。その後、九州から敦賀や能登、畿内などに職人集団が定住し銅や鉄が普及しはじめる。

大陸から銅や鉄が伝播した当初、日本では中国大陸から渡来したものを見本に銅鐸などをつくっていた。同時に鉄の鋳造も行われていたようだが、原材料はまだ大陸から輸入した地金に頼っていた。

やがて、鏡や馬に着ける鞍などをつくる専門職も生まれる。また、6世紀頃になると、仏教の伝来により大仏や梵鐘《ぼんしょう》なども製造されるようになり、技術も急速に進歩する。奈良（東大寺）の大仏は、当時の日本の金属加工技術の結晶ともいえるだろう。

武士が台頭すると、自前の城郭や河川工事などの土木工事、鉱山開発、造船、武器製造などで銅や鉄の必要性が高まり、製鉄から鍛冶、鋳造といった加工技術の向上を競うようになった。また、金、銀、銅といった貨幣が使われるようになると、経済力を高めるためにも鉱山開発と鋳造技術はさらに必要なものとなったはずである。

当初、銅や鉄を所有できたのは権力者たちであったため、職工たちは皇族などとの関係が強かった。戦国時代になると、大名たちは日用品や武具、装飾品、梵鐘、貨幣などをつくる鋳物師《いもじ》たちを囲い込むため領内に住まわせた。そうして、鋳物師は戦国大名とも密接な関係を持つようになる。

鋳物師の中には、鍋や釜、梵鐘などをつくるだけでなく、廻船などで遠方と商いをする者もいた。鋳物以外の物資を運ぶなど商社的な機能も果たしていたようである。しかし、次第に東国での需要が高まると、廻船による供給だけでは需要に応えられなくなる。そこで、鋳物師も東国に移り住み、消費地の近くで生産活動を行うようになったと考えられる。

鋳物師発祥の地ともいわれる河内国（大阪府）では、古くから田中家が鋳物師として鍋、釜といった日用品から農具、寺院の梵鐘などを鋳造した。一説によると、田中家は国内で最初に流通した貨幣「和同開珎《わどうかいちん》」にも携わったようである。近衛天皇から藤原姓を賜るなど、時の権力者たちとも関係を築いていた。

各地に広がった田中家

河内の田中家と同じように、次第に地方の鋳物師たちも権力者との関係を築き、力を持つようになる。そうした鋳物師たちを支配しようとする勢力も現れる。戦国時代から江戸時代にかけて、鋳物師を支配しようとしたのが真継家《まつぎけ》であった。真継家は、諸国の通行税を免除するなどの特権を鋳物師に与えて、彼らを傘下に収めようとする。真継家は河内で大きな勢力を有していた田中家と関係を築き、田中家を

「河内国惣官鋳物師」として、北河内で唯一、正式な営業権を与えた。鋳物師たちを統率する立場に立つ枚方《ひらかた》田中家は、諸国を自由に行き来できる特権を利用して各地に販路を拡大するとともに、遠隔地にも店を出す。そうして鋳物師田中一族の関係者が各地に広がった。

枚方田中家は昭和35年頃まで営業を続けていた。その後、子孫が昭和40年に枚方市に鋳物工場と主屋を寄贈したことを受けて、昭和59年10月、市はそれを移築復元して「旧田中家鋳物民俗資料館」として開館、鋳物の貴重な歴史を伝えている。

河内から広がった田中氏として有名なのが、近江辻村の田中家であろう。辻村の田中家の出身といわれる辻与次郎は、千利休（田中与四郎）の釜師として才能を発揮し、豊臣秀吉から当代随一の釜師と認められ、「天下一」の称号の使用を許された。釜師というのは、茶の湯の釜をつくる鋳物師のことだ。

江戸時代に入ると、近江田中氏の拡大は加速する。例えば信濃（長野県）松本にも田中氏が根を張った。松本市の資料では、元和８（１６２２）年から松本城下飯田町鍋屋小路で鋳物業を営み梵鐘などをつくっている。

同市にある浄土真宗大谷派の木曽山義仲院長称寺《きそやまぎちゅういんちょうしょうじ》の銅鐘には、

宝暦三歳 孟冬 下旬第五日
信濃國左方惣官 鋳物師田中伝右衛門藤原吉隆
と刻まれている。
同寺は、木曽義仲の子で親鸞の法弟・木曽義信(義延房念信)が建暦2(1212)年に開山した古刹。銅鐘は、元禄12(1699)年に鋳造、宝暦3(1753)年に改鋳されたもので、銘文から田中伝右衛門がつくったものだということがわかる。代々、田中家は長稱寺のほか、極楽寺・念来寺・宝永寺の銅鐘も鋳造している。
「勅許御鋳物師信濃国左方惣官」を称し、元禄年間(1688~1704)の吉重、元文・宝暦年間(1751~1764)の吉隆の頃に最も繁栄したようだ。
また、『徳川期近江鋳物師の他国出稼』(藤田貞一郎氏)等によると、近江の鋳物師が各地に進出していることがわかる。例えば田中七右衛門は江戸深川に金屋、通称「釜屋」を出した。その他にも田中佐次右衛門は駿河(静岡県)、田中五郎兵衛は遠江(静岡県)、田中佐兵衛は越後(新潟県)、田中五兵衛は美濃(岐阜県)など辻村田中家の進出は広範囲にまたがった。
このように鋳物師田中氏は、富国強兵を目指す大名たちの要望に応える形で各地に広がり、「田中」を名乗る人物や家が増える原動力になったと考えられる。

古事記にも記される古《いにしえ》の名

全国に広がった「田中」という名字は、どのような人物が、いつ頃から名乗るようになったのだろうか。氏姓関連の資料などを紐解くと「田中」は、古代から登場する。天武天皇の命で神代から推古天皇の代までをまとめた、現存する日本最古の歴史書『古事記』（７１２年完成）にも記述がある。例えば、河内氏族とみられる田中氏については、「天津日子根命《あまつひこねのみこと》は凡川内国造、倭田中直《やまとたなかあたえ》、高市縣主《たけちのあがたぬし》云々の祖他」とある。弘仁６（８１５）年に、嵯峨天皇の命により編纂された古代氏族名鑑である『姓氏録』の右京皇別には「田中朝臣《たなかあそん》。武内宿禰《たけのうちのすくね》五世の孫・稲目宿禰《いなめのすくね》の後成」とある（『日本姓氏大辞典　解説編』）。この田中朝臣は、飛鳥時代に蘇我氏全盛期を築いた蘇我馬子の兄弟、田中刀名のことだとも思われる。そうであれば、蘇我一族にも田中を名乗った人物がいたことになる。

『系図纂要』では、高階氏《たかしなうじ》に田中惟業（田中十郎左衛門尉）が近江田中村にいたとある。惟業の息子には惟時（田中太郎）、惟民（田中二郎）、章正（田中五郎）らがいる。同じく『系図纂要』や『清和源氏740氏族系図』では清和源氏里見系の源朝臣姓新田太郎の息子で里見田中を号した田中義清や子の重政がいる。義清は、遠江国（静岡県）の富田田中を領していた。寿永2（1183）年の水島合戦の大将軍をつとめ、平家との合戦で討死している。一説によると、茶人の千利休（田中与四郎）は、義清の子孫であるとも言われている。『系図纂要』藤原氏系に田中九郎（知氏）と子の友繼《ともつぐ》も見える。

江戸幕府は、11代将軍・家斉の代に大名や旗本の家ごとの系譜集である『寛政《かんせい》重修諸家譜《ちょうしゅうしょかふ》』を作成した。寛政11（1799）年に着手し文化9（1812）年に完成、1530巻からなる。その中にも、「田中」を名乗った人物がいる。「藤原氏　道兼流宇都宮支流」には、平安時代の関白、藤原道兼の子孫となる九郎左衛門知氏が駿河國田中に任じられたことから「田中」を家號《やごう》としたとある。武田家の家臣として、信玄・勝頼に仕え、天正3（1575）年5月21日の長篠の役で戦死した政利の名もある。

『寛政重修諸家譜』に記載されている田中氏の中で際立つのは、豊臣政権時代から大名として豊臣家を支え、その後、関ケ原の戦いの功で初代筑後国主となった近江国出身の田中吉政とその一族についての記述である。同家は、高階氏系とある。

日本3大八幡宮の一社で、伊勢神宮に次ぐ国家第2の宗廟である京都府八幡市の石清水八幡宮にも田中氏に関する記述が見える。同宮は、清和天皇の貞観元（859）年、南都大安寺の僧・行教和尚が豊前国（現・大分県）宇佐八幡宮で八幡大神の「吾れ都近き男山の峯に移座して国家を鎮護せん」との御託宣を受け、男山の峯に御神霊を安置したのが起源とされる。

この由緒ある石清水八幡宮で田中家は代々、別当《べっとう》を務めていた。『日本名門・名家大辞典』（森岡浩編）では、「平安時代後期に29代別当慶清が田中家を称し、以後善法寺家とともに代々検校《けんぎょう》・別当職をつとめた」とある。田中家と法善寺家は同族のようだ。

同宮には田中家が時の政権と関わってきた歴史的に貴重な資料が残されている。南北朝の動乱で天皇家が北朝と南朝に分かれた際、田中家は南朝を支援し、法善寺家は北朝側の足利尊氏を支援した。その最中、敗戦して九州に落ち延びた足利尊氏が再起を図ろうと体制を整え京に上るが、この時、法善寺通清に戦勝祈願を依頼したという。

戦国時代では、豊臣秀吉との関係を強めた。天正15（1587）年に豊臣秀吉は、釣灯籠を奉納している。

江戸時代最大の豪商といわれる鴻池家にも田中氏がいた。別家番頭を務めた田中茂四郎は、鴻池別家として鴻池茂四郎と称した。以降、田中家当主は代々、鴻池茂四郎を名乗ったという。

他にも、田中氏の起源となった者や、各分野で活躍した田中氏が見受けられるため、今後も調査を進めたい。

【おもな参考文献】

『筑後国主　田中吉政・忠政とその時代』　半田隆夫　田中吉政公顕彰会
『秀吉を支えた武将・田中吉政』　市立長浜城博物館・岡崎市美術博物館・柳川古文書館　サンライズ出版
『秀吉の忠臣・田中吉政とその時代』　田中建彦・田中充恵　鳥影社
『日本城郭辞典』　鳥羽正雄　東京堂出版
『定本　日本城郭辞典』　西ヶ原恭弘（編）　秋田書房
『図説　日本城郭大辞典』　日本図書センター
『久留米市史　第二巻』
『筑後市史　第一巻』
『柳川の歴史と文化』　甲木　清
『柳川の歴史3　筑後国主田中吉政・忠政』　中野等　柳川市
『福岡縣史資料　第三輯』
『初期豪商田中清六正長について』　村上直　法政史学
『田中清六父子の北奥羽出入りと時代風景』　神宮滋　北方風土
『田中宗親書上』　田中宗親
『鷹・鷹献上と奥羽大名小論』　長谷川成一　本荘市史

『華人社会における伝統ファミリー企業の相続に関する研究』　官文娜
『橋郷土叢書1　田中清六伝』　今井善一郎　北橋郷土研究会
『明治百年史叢書　田中義一伝記（下）』　田中義一伝記刊行会　原書房
『近世史小論集　古文書と共に』　藤井讓治　思文閣出版
『京都の歴史5　近世の展開』　學藝書林
『住友史料叢書　年々諸用留　十一番　十二番』　朝尾直弘（監修）　住友史料館（編集）　思文閣出版
『住友史料叢書　年々諸用留　九番　友昌君公辺用筋並諸用勤務格式』　朝尾直弘（監修）　住友史料館（編集）　思文閣出版
『出羽國最上郡　新庄古老覺書』
『新庄市史　第二巻』
『早池峰文化　第十四号』　岩手県大迫町教育委員会
『大迫町史』
『東奥羽旧史集』
『石川県姓氏歴史人物大辞典』　角川書店
『姓氏家系大辞典　第二巻下』　角川学芸出版
『ＮＨＫにんげん日本史　田中正造』　小西聖一　株式会社理論社

『福岡県史　近世史料編　久留米藩初期・上』
『新訂　寛政重修諸家譜』第十二・第十八・第十九・第二十・第二十一・第二十二
『清和源氏740氏族系図』　千葉琢穂　展望社
『系図纂要　第13冊下　号外（2）』　名著出版
『系図纂要　第10冊下　清和源氏（3）』　名著出版
『系図纂要　第6冊上　藤原氏（9）』　名著出版
『日本姓氏大辞典　解説編』　丹羽基二　角川書店
『日本名門・名家大辞典』　森岡浩（編）　東京堂出版
『新編　氏姓家系辞典』　太田亮　秋田書店
『日本の氏姓大総鑑』　日正出版
『Webなんでも鋳物館』　アイシン高丘株式会社運営
『会津士魂』　会津士魂会
『會陽之大老　田中正玄言行録』　田中玄宗
『なぜ会津藩は希代の雄藩になったか』　中村彰彦　PHP新書
『会津武士道』　中村彰彦　PHP研究所
『千利休「侘び」の創造者』（別冊太陽　日本のこころ155）　株式会社平凡社
『福井県史　通史編3　近世一』
『徳川期近江鋳物師の他国出稼』　藤田貞一郎

【編集協力】

財団法人立花家史料館／田中吉政公顕彰会／柳川古文書館

【お世話になった方々・団体（敬称略・順不同）】

《田中家縁の皆さま》

田中綾子／吉田良子／田中啓之／田中稔眞／田中美智香／田中利旺／田中重雄／田中千雄／田中邦昭／田中啓／田中賢／田中賢治／田中慈郎／田中新次／田中範行／田中晴美／田中靖洋／田中泰裕／田中義照／田中和歌子／田中勉／田中智子／田中佐智登

《ご協力いただきました皆さま》

榮恩寺／大谷芳子／乙木新平／金子俊彦／川口玲子／河野光明／清田準一／古賀政文／金戒光明寺／坂口政文／塩塚純夫／塩谷達昭／嶋井安生／志村宗恭／新宮松比古／箱嶌八郎／眞勝寺／徳重邦子／中尾賢一郎／中島之啓／野下誠司／林田晶子／日牟禮八幡宮／平田喜勝／品照寺／益永亮／宮川東一／村山聖吾／矢加部尚武／山際千津枝／山本健治／結城孝／横田進太／横山武次／和佐野健吾／前田司／穴井玖瑠美／北村義弘／梅田麻子／宇野久美子

【企画・制作】

株式会社理創／株式会社ビジネス・コミュニケーション／株式会社グランドビジョン／株式会社梓書院

［監修］半田 隆夫（はんだ たかお）

昭和13（1938）年、大分県中津市に生まれる。大分舞鶴高校、九州大学大学院文学研究科修士課程（史学専攻）修了。九州共立大学、放送大学福岡学習センターを経て現在は、福岡女学院大学生涯学習センター講師。平成8（1996）年12月「神神と鯰」、平成11年2月「神佛と鯰」、平成17年2月「神佛と鯰　続1」のテーマで、東京・赤坂御所にて秋篠宮殿下に御進講。著書に『九州の歴史と風土』、『中津藩　歴史と風土』1～18輯、『豊津藩　歴史と風土』1～10輯、『薩摩から江戸へ―篤姫の辿った道』共著に『福岡県史』（近世史料編）、『大分県史』（近世編2、4）、『藩史大事典』（第7巻）。田中吉政公顕彰会理事、福岡県柳川市在住。

［著者］宇野 秀史（うの ひでふみ）

昭和40（1965）年熊本市生まれ。熊本県立第二高校、京都産業大学経営学部卒業後、地元出版社で経済誌の営業を担当。2007年7月独立、コミュニケーションの促進を目的としたツールの企画・製作、人と人、企業と企業をつなぐ活動に力を入れる。2011年7月中小企業向けビジネス情報誌「Bis・Navi」を創刊。株式会社ビジネス・コミュニケーション代表取締役。福岡市在住。
著書に『トップの資質』（共著）、『田中吉政』（解説）がある。

［漫画］松本 康史（まつもと やすふみ）

昭和52(1977)年生まれ。アシスタントを経て秋田書店など商業誌で連載。映画「バクマン」本編のオリジナルマンガ（劇中マンガ）の作画他も担当。

［総合企画］田中 啓之（たなか ひろゆき）

昭和32（1957）年福岡市生まれ。ダスキン、いすゞ自動車を経て、事業用建物コンサルタントとして昭和58年株式会社理創を設立、代表取締役に就任。現在、福岡市内で30棟余の貸しビルを経営するなど活躍。
金剛禅総本山少林寺拳法福岡市協会会長。田中吉政公顕彰会理事、福岡市在住。

【好評発売中！】田中家関連本

『トップの資質』

信長・秀吉・家康に仕えた武将、田中吉政から読み解くリーダーシップ論

水郷・柳川をグランドデザインした土木・建築の神様

戦国時代を秀吉とともに駆け昇った昇龍は、筑後に水華の国を築いた。初代筑後国主 田中吉政の生涯とその足跡から、現代に通じるトップの資質を読み解く。

ISBN978-4-87035-544-6　ソフトカバー　268 頁　定価 1,650 円（税込）

《目次》

《豪華コラム陣！》

山際千津枝（料理研究家）
志村宗恭（裏千家茶道教授、和文化教育「敬水会」代表）
和佐野健吾（西南学院常任理事）
益永亮（金剛禅総本山少林寺福岡玄洋道院長）
田中啓之（株式会社理創代表取締役社長）

田中《たなか》の田中《たなか》による田中《たなか》のための本《ほん》
日本《にほん》を動《うご》かした田中一族《たなかいちぞく》【1】

令和5年11月30日初版発行

監　修　半田隆夫
著　者　宇野秀史
漫　画　松本康史

発行者　田村志朗
発行所　㈱梓書院
福岡市博多区千代3-2-1
TEL092-643-7075

印刷・製本／シナノ書籍印刷

ISBN978-4-87035-786-0

※この物語は史実を基に一部脚色して構成したものです。